捷克旅游指南

CZECH REPUBLIC

春园花开

外交官带你看世界

捷克

何承伟
丛书总策划

黄英尚 著

上海故事会文化传媒有限公司
上海文化出版社

名誉顾问
王　殊　外交部外交笔会会长、外交部前副部长
吉佩定　中国前外交官联谊会会长、外交部前副部长

总策划
何承伟　编审、资深出版人

主　编
张　兵　外交部外交笔会副会长

外事顾问
刘一斌　外交部外交笔会副会长
汤铭新　中国前外交官联谊会副会长
马恩汉　中国前外交官联谊会副会长
刘振堂　中国前外交官联谊会副会长

英语顾问
施燕华　外交部外语专家、中国翻译协会常务副会长

文稿审定
外交部外交笔会图书审核小组：
黄桂芳　尹承德　陈久长　朱祥忠　潘正秀　陆苗耕

编辑与营销
冯　杰　杨　婷　李　平　汪冬梅　陈丹正

设计总监
周艳梅

装帧设计
王　伟　费红莲　孙　娌

特约审读
王瑞祥

图片提供
捷克旅游局　视觉中国　张克平

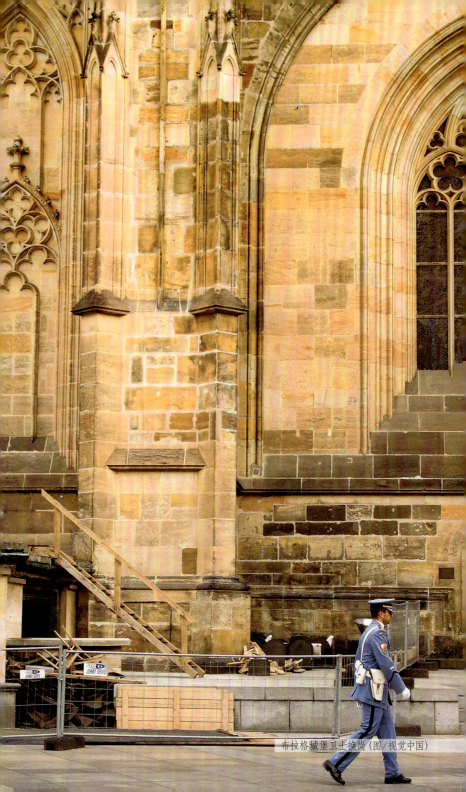

布拉格城堡卫士换岗 (图/视觉中国)

跟着外交官到地球别处去看看

我在上海曾遇到一对老人，他们俩一退休，就去欧洲旅游了85天。

出于好奇，我问他们："难道你们在中国都游遍了？"

他们说："没有。我们是先游远的，后游近的。"

我又问："你们俩不懂英语，没有出过国，又不靠旅行社，是什么力量支撑你们去周游世界的呢？"

老人意味深长地说："人都怕死，但更怕没有目标。年轻时有年轻时的目标，今天有今天的目标。"

"那你们今天的目标是什么？"

"今天，我们就盼望着到地球的别处去看看。"

听了这对老人的话，我才感悟到："富起来的中国人，盼望着到地球的别处去看看。"——这就是世界旅游业普遍感到"寒气逼人"时，中国出境游市场仍处于上升通道，保持两位数增幅的原因。

这对我一个出版工作者来说，不仅是个服务的机会，更是一个发展事业的机会。

所幸的是，一次去北京出差，我遇到了一大批前外交官。他们不仅熟悉如今中国人的需求，同时也了解曾经工作过的国家的情况。他们在岗位上时，是中国人民与所在国人民的友谊使者,今天,他们是否可以把自己多年的积累和感受,浓缩在一本10万字不到的图书之中,通过这本书,介绍这个国家的历史文化,风土人情,旅游资源,从而架起一座国与国之间的友好桥梁,让中国的读者走近这个国家?

于是,一套富有创意的系列图书诞生了:《我们生活在同一个地球——外交官带你看世界》。

在这套图书出版的过程中,我们还得到了有关国家的驻华大使馆、旅游机构人员的大力支持,他们不仅提供了不少独特的内容信息,还筛选了不少精美的图片,提供给这套丛书使用,使《我们生活在同一个地球——外交官带你看世界》成为图文结合、立体展示该国旅游资源的图书。

《我们生活在同一个地球——外交官带你看世界》至今已陆续出版约50种,今后力争做到凡是中国人出境游所涉及的国家都能出版一本。同时,为了使我们的成果具有持续性,我们每年都会对这套书进行修订,提供最新的文化信息和实用信息。

整套丛书投放市场已有两年,最令人感到欣慰的是,不少读者已慢慢产生一种概念:要出境旅游,就要找一本《我们生活在同一个地球——外交官带你看世界》陪伴着自己。

丛书总策划　何亚非

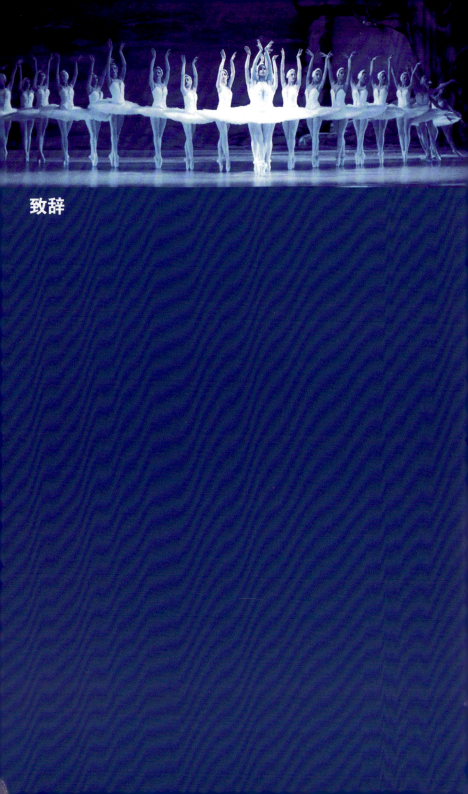

致辞

你们可能会感到意外,捷克和中国尽管初看起来是两个截然不同的国家,实际上它们却有不少共同之处:悠久的历史和丰富的文化遗产,把两个国家联结在一起。

　　不论你们决定哪个季节来访,捷克都能让你们在文化、历史或社会生活方面有所收获。春天,来访者可与捷克人一起共度基督教最大的节日——复活节,共享一段快乐的时光。从最小的村庄直到首都布拉格,随处都可欣赏到捷克传统音乐和舞蹈的表演,品尝捷克佳肴。每年夏季到来之前,"布拉格之春"国际音乐节作为世界级音乐盛事,向古典音乐爱好者敞开进入美妙音乐世界的大门。现在,全世界游客对捷克的城堡和庄园都表现出极大的兴趣,比如,克鲁姆洛夫的庄园、位于我家乡南摩拉维亚州的莱德尼采-瓦尔季采地区庄园公园,还有赫赫有名的世界文化遗产布拉格城堡等等。在秋天的月份里,你们可以享受世界著名温泉疗养城市卡罗维发利或玛利亚温泉城提供的高水平服务。在最寒冷的冬季,全捷克的滑雪区都活跃起来,你们将在克尔科诺谢山和奥尔利克山滑雪场体验到优质的服务。

　　越来越多的中国旅游观光者访问捷克共和国。我相信,这种发展趋势绝非偶然,而是源于捷克自身强大的吸引力,所有的人在这里都可如愿以偿,现在就只等你们亲自去走一走,看一看。在捷克参观游览时,本书肯定会有助于增进你们对各景点的了解,成为你们的旅行好帮手。

捷克前驻华大使

利博尔·塞奇卡

美如花园的国家

改革开放30多年来,我国人民生活水平迅速提高,人们除在本国享受生活外,到世界各国去旅游观光已经成为一种时尚生活方式。有意到欧洲一游的朋友们,如果你们到春天花园一般的捷克去,我愿充当你们的向导,让你们在那里愉快畅游,定会不虚此行。

有人可能会问:捷克国家挺小,是否值得一游?我的回答是肯定的:非常值得!

捷克美得像个花园。捷克的国歌就是一首把自己的国度比作春天花园和人间天堂的颂歌。捷克三面环山,多为丘陵地带,河流纵贯南北,到处是肥沃的田野和茂密的森林,每逢春暖花开的时候,迎春花和丁香花竞相开放,花香沁人。捷克自然条件优越,煤炭和铀矿等矿产蕴藏丰富,国富民康。

捷克是个拥有感人历史故事的地方。虽然面积不大,人口只有1000多万,可是它地处欧洲中心,素有"欧洲十字路口"之称,为各方来往必经之地,战略地位至关重要,因而不仅各国商旅云集,而且一直是欧洲乃至世界各大国的必争之地。长期以来,捷克人民为摆脱异族统治、反对外国侵略和占领进行了坚韧不拔、可歌可泣的斗争。相关历史景点颇多,看了令人心潮澎湃、激动不已。

捷克拥有为数众多的城堡、教堂、宫殿和庄园。数百年来曾处于异族的统治之下，捷克的贵族、实业家和民族精英，政治上自然不怎么得志，可是他们因为拥有大量财富，而且善于创造，于是，他们就到处修建宫殿、庄园，并把捷克建成奥匈帝国的工业基地。捷克全国有2000多个大小景区，其中12处列入联合国教科文组织世界遗产名录。因此，不愁没得看，只怕看不完。

　　布拉格有"金色的布拉格""百塔之城""中欧建筑博物馆"和"建筑教科书"等美誉，完好无损地保存着中世纪以来诸多建筑大师遗留下来的各种风格的建筑艺术瑰宝，有罗马式、哥特式、文艺复兴式、巴洛克式和洛可可式等。这些建筑物古色古香，精彩纷呈，至今魅力不减，光芒四射，令人眼花缭乱，目不暇接。

　　捷克人杰地灵，人才辈出。中捷两国之间虽然隔着万水千山，两国人民的心却能相通，这或许是由于我们有过相似的遭遇，都曾遭受过外国侵略的缘故吧？斯美塔那的交响诗套曲《我的祖国》、德沃夏克的《来自新大陆》，都为中国人民耳熟能详。

　　我在捷克工作过十余年，很愿意通过这本书"旧地重游"。那么，让我们相逢在捷克吧，相信大家一定能大饱眼福，收获多多。

　　我在书中介绍的只不过是个人所了解的一些情况，由于水平有限，本书疏漏不妥之处在所难免，甚至可能挂一漏万，希望广大读者不吝指正。

黄英尚
辛卯冬于京华

布拉格的瓦茨拉夫广场街景 (图/视觉中国)

目录

出版说明 4
致辞 6
序言 8

捷克共和国概况 2

1 初识捷克

2 中欧名城布拉格

目录

③ 游遍捷克

④ 人文风俗

旅游贴士

See the world with a diplomat

捷克共和国概况
General Description of Czech Republic

国名	捷克共和国
成立时间	1993年1月1日，捷克与斯洛伐克联邦共和国分裂后成立
国歌	《我的家在哪儿？》
国旗	由斯拉夫民族传统的颜色——捷克国徽的白色和红色、摩拉维亚国徽的蓝色组成。左侧为蓝色等腰三角形，右侧为上白下红的两个相等的梯形
国徽	大国徽为方形盾徽，盾面左上格和右下格是白色双尾狮（代表波希米亚），右上格是红白相间格状的鹰（代表摩拉维亚），左下格是黑鹰（代表西里西亚）。小国徽为盾形，图案与大国徽左上格相同
面积	78866平方公里

地理位置	中欧内陆国
时区	位于东一区（GMT+1），即北京时间减7个小时
人口	1057万（2016年）
主要语言	捷克语
首都	布拉格，面积496平方公里，人口约126万（2016年）
货币	捷克克朗
主要语言	捷克语（96%）、斯洛伐克语（2%）、德语、波兰语和吉普赛语（2%）
国际电话区号	+420
重要电话号码	紧急求助电话112，医疗急救155，国家警察匪警158，火警150，布拉格警察匪警156，查询电话号码服务热线1180，失物招领224 235 085
电源电压	230V 50Hz，欧洲标准电源插座
道路行驶	靠右行驶

旅游景点：布拉格、克鲁姆洛夫、霍拉索维采、利托米什尔庄园、特尔奇、奥洛莫乌茨、克罗姆涅瑞什、塔博尔、布尔诺、特雷津、赫卢博卡庄园、卡罗维发利

（图/视觉中国）

布杰约维采广场钟楼（图／张克平）

初识捷克

看点
See the world with a diplomat

捷克位于中欧,气候四季分明,地理环境优越。

中世纪欧洲最好的回望之处

捷克共和国面积78866平方公里,由波希米亚、摩拉维亚和西里西亚的一部分组成。波希米亚和摩拉维亚及西里西亚的地形明显不同,前者四周多山,丘陵和盆地相间,后两者地势较低,向奥地利和斯洛伐克的多瑙河流域倾斜,形成了三面隆起的四边形盆地。捷克拥有拉贝河平原、皮尔森盆地和南捷克湖沼地带等地形特征。著名的伏尔塔瓦河蜿蜒流过布拉格,中欧航道易北河也发源于捷克境内的克尔科诺谢山南麓,穿过捷克西北部的波希米亚,流入德国东部。捷克境内山川湖泊,璀璨相间,石林溶洞,千姿百态。

捷克属温带气候,四季分明,交通运输便捷。矿产有煤、铁、铅、锌、铝、铀、银、石油等,水利资源丰富。工业发达,以机械制造、采煤、冶金、化学、纺织、啤酒酿造、制鞋、玻璃制造等产业为主。农产品有肉类、牛奶、禽蛋、麦类、甜菜、水果等。

时间在这里有瞬间凝固的功能。如果想要了解中世纪的欧洲,捷克是最好

波希米亚的峡谷和河流 (图/视觉中国)

卡罗维发利温泉小镇 (图/张克平)

的选择之一。曾经影响了整个欧洲历史进程的神圣罗马帝国和奥匈帝国，都在这里留下无数印记，等待后世的人去寻找它的光辉。历代君主和国王，根据自己的喜好、设想，遍邀捷克和世界其他地方的优秀设计师、建筑工匠，营造了各具特色的宫殿和城市，成为欧洲建筑文明的承继之地。能工巧匠们在这里修筑和装饰了上百个大小教堂和美轮美奂的庄园，奠定了捷克整体的风貌特征，尤其是哥特式建筑的冷峻挺拔和巴洛克式的豪华雍容最为著名。这数百座建筑中不乏传世的经典古迹，12个被列入世界遗产名录，以及数十个保护完好的历史小镇，彰显出中世纪文明延泽后世的魅力，让世界各地对捷克文化有兴趣的游客，得以欣赏到古代建筑师、雕塑家和工匠们的杰出成就。

"捷克"国名的由来

根据传说,"捷克"这个名称源于最先来到今天捷克地区的西斯拉夫人的一个部族首领,其名字按捷克语发音叫"切赫",译成英语和中文分别变为"Czech(切克)"与"捷克",沿用至今。其拉丁名称为"波希米亚",源自公元前曾在此生活过的凯尔特波伊部落。

瑞普山麓(图/视觉中国)

据史料记载,斯拉夫民族原来生活在第聂伯河与维斯瓦河之间,后来因匈奴、突厥和鞑靼等游牧民族的西征和气候变化,造成斯拉夫民族于公元3至7世纪向波罗的海地区、易北河流域和巴尔干半岛西迁和南迁的"民族大迁徙"。最终形成捷克、斯洛伐克、波兰等西斯拉夫和塞尔维亚、波黑、斯洛文尼亚、克罗地亚、马其顿、黑山、保加利亚等南斯拉夫民族国家,中间为匈牙利所隔断。

据传,生活在喀尔巴阡山主峰塔特拉山北面、维斯瓦河沿岸的斯拉夫部落,由于语言、生活习俗和道德风尚十分

相近,在很长的时间内,都能和睦相处。然而,好景不长,他们不时为边界和财产等问题发生争执,甚至互相残杀。一个强大部族的首领切赫和莱赫兄弟,决定带领大家离开这片不断流血的故土,去寻找新的家园。

他们朝着日落的方向行进,走了很长时间,渡过拉贝河及其支流伏尔塔瓦河,来到今捷克北部的瑞普山麓。首领和长老察看土地,都说非常肥沃。翌日清晨,切赫又登上山顶,但见四周景色宜

讲述捷克名称传说的油画

人,平坦辽阔的原野郁郁葱葱、植被丰富。他对大家说:"这就是我要带你们来的地方,可是它还没有名字。"大家异口同声地呼喊着:"就用你的名字命名! 切赫! 切赫!"——于是,"捷克"的名称就这么得来了。

波希米亚的玄武岩立柱 (图/视觉中国)

气候宜人，资源丰富

捷克共和国是中欧的一个内陆国家。西、北、东、南四周，分别与德国、波兰、斯洛伐克和奥地利接壤。面积78866平方公里，由波希米亚、摩拉维亚及西里西亚三个部分组成。人口1057万（2016年9月统计数据），其中捷克人占90%以上，斯洛伐克人占2.9%，此外还有少量波兰族、德意志族和罗姆族（吉普赛人）等。捷克全国分为14个州级单位，其中包括13个州和首都布拉格市。

在中欧诸国中，捷克的地势较高，四周多山，大河南北分流，境内多丘陵，此外还有局部平原和盆地。三大河流为伏尔塔瓦河、拉贝河与摩拉瓦河，拉贝河是连接捷克与德国的水上通道。捷克湖泊

磨坊

稀少，但人工修建的鱼塘为数甚多，此外还修了几大水库，水产丰盛，家家圣诞晚宴都吃鲤鱼也不成问题。非提不可的还有捷克丰富的温泉资源，每年众多游人在温泉疗养院重获健康。

捷克境内多达数十处的温泉，其中以位于西波希米亚地区的温泉金三角最为有名，卡罗维发利温泉城—玛利亚温泉城—弗兰季舍克温泉城。不少名人都

捷克国家保护古迹——施瓦岑伯格航行运河，使用精巧的闸和渣沟系统，把拉贝河（伏尔塔瓦河）流域的水流引入到多瑙河流域

米哈尔矿山，19世纪50年代被发掘，1993年停产，至今仍保留着1915年的面貌，目前作为矿脉博物馆向公众开放

对此青睐有加，我们耳熟能详的莫扎特、贝多芬、柴可夫斯基、歌德、卡夫卡、弗洛伊德、爱迪生、叔本华和马克思，都曾来这里疗养。据说托尔斯泰的《战争与和平》的部分章节，就是在这里写就的。

捷克地处北温带，受到海洋和内陆气候的交互影响，不冷不热，温和宜人。夏季平均气温约25℃，冬季平均气温零下5℃左右，年平均降水量647毫米。不过，由于森林覆盖率高达34%，到处是一片片成材的枞树和松树林，空气湿润，环境保护良好。尽管土壤以褐壤居多，黑壤较少，但收成挺好，足以满足本国民生需要。

捷克拥有丰富的自然资源，尤其是黑煤、石灰石储量巨大。曾拥有欧洲大陆最稠密的铁路系统，这使得捷克成为当时工业最发达的国家之一。最著名的工业包括煤炭开采、北摩拉维亚俄斯特拉发地区的钢铁生产、布拉格及其附近克拉德诺地区的机器制造业，其中有代表性的如斯柯达汽车，其总部是位于姆拉达－博列斯拉夫的汽车公司，是世界上历史最悠久的汽车生产商之一，1991年成为大众旗下的一员。

卡罗维发利是捷克最大的温泉城市，1350年左右温泉被发现，城市风貌形成于19世纪末（图/张克平）

we all live on the same planet

捷克的拉丁名称波希米亚来自凯尔特人的波伊部落。

悠长的古代史

3—6世纪民族大迁徙
斯拉夫人西迁又南迁

在古罗马崛起时期（公元前3—1世纪），凯尔特人的波伊部落取得了捷克地区，捷克的拉丁名称"波希米亚"即由此而来。公元1世纪初，罗马帝国扩张加剧，凯尔特人为日耳曼部落所取代。6世纪，在西南方被日耳曼部落取代的斯拉夫部落，开始向斯洛伐克和摩拉维亚低地以及波希米亚流域渗入。在某些地区，斯拉夫人在一定时期与日耳曼人共同生活，但这从一开始就被阿瓦尔人（即柔然、鞑靼游牧部落）的入侵所打断，后者夺取了今日匈牙利的部分地区——多瑙河西岸。

斯拉夫人有东（俄罗斯、乌克兰、白俄罗斯等）、西（捷克、斯洛伐克、波兰等）、南（斯洛文尼亚、克罗地亚、塞尔维亚、保加利亚和马其顿等）之别，斯拉夫人的民族大迁徙通常被看作欧洲新时代的开始，之所以如此，据说还有早先匈奴人和蒙古部落西征以及气候变化等因素的影响。

萨摩帝国时期。斯拉夫人是农耕部落，而阿瓦尔人却喜欢征战，两者之间难免发生冲突。623—624年，西斯拉夫人在弗兰克（今之法国中部）商人萨摩的领导下，起来反抗阿瓦尔人的统治，将他们击退，建立萨摩帝国。其疆域包括

大摩拉维亚帝国时期防御要塞杰温城堡废墟，现属于斯洛伐克（图／视觉中国）

波希米亚、摩拉维亚、斯洛伐克的一部分和巴伐利亚有斯拉夫人定居的部分。其中心位于摩拉维亚南部的摩拉瓦河附近。萨摩在位近25年。

大摩拉维亚帝国时期。萨摩帝国之后150年，捷克地区几乎无声无息，

奥洛莫乌茨广场雕塑 (图/视觉中国)

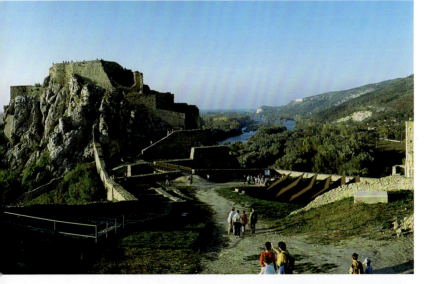

历史记载的830—836年在摩拉瓦河支流出现的大摩拉维亚帝国,是当时除基辅罗斯和保加利亚之外的斯拉夫第三帝国。摩拉维亚帝国疆域包括摩拉维亚、捷克、斯洛伐克南部、多瑙河右岸的潘诺尼亚(今匈牙利,中世纪先后为罗马帝国、匈奴、阿瓦尔人、弗兰克人和斯拉夫人等拥有)和波兰维斯瓦河流域。862年,第二任王公拉斯季斯拉夫(846—870在位)请求拜占庭派教士来传教。9世纪末,拜占庭教团被赶出了摩拉维亚,罗马天主教会开始在这里占据统治地位。

907年马扎尔人的入侵,不仅导致大摩拉维亚帝国的崩溃,而且使西斯拉夫人脱离南部斯拉夫部落,1018年他们又将斯洛伐克置于自己的统治之下。

拜占庭皇帝米赫尔三世派西里尔和梅托杰伊来大摩拉维亚帝国传教

捷克未经奴隶社会直接进入封建社会

普热米斯尔王朝时期。东欧的斯拉夫人在被东方草原游牧部落追赶着逃往中欧或巴尔干之前,他们被认为并未实行过真正意义上的奴隶制度,而只实行过所谓族长奴隶制。捷克史书一般从封建社会谈起,更确切地说,当时所实行的社会制度是农奴制,即农民不仅要向封建主交纳地租等,而且还有人身依附关系。9世纪末,捷克的普热米斯尔王朝建立,以布拉格为中心,形成捷克公国,捷克国家的成立也从这个时候算起。关于该王朝的建立,有一段优美的传说,我们在后文谈到维舍堡时将提及。

10世纪起,捷克阶层之间的封建关系有了长足发展,在波列斯拉夫一世时期,以土地为采邑分赐给亲兵,培植了一批封建贵

查理四世

查理四世（图/视觉中国）

族，又把土地送给教会，产生了教会封建阶层。

1086年，德意志国王神圣罗马帝国皇帝亨利四世授予捷克王公弗拉基斯拉夫二世以波希米亚国王称号，从此，捷克公国臣服于神圣罗马帝国。

经过9—12世纪的早期发展，捷克封建社会在13—14世纪发展到顶峰阶段，并从14世纪中叶开始陷入危机。1308年争夺波兰和匈牙利王位的最后一位普热米斯尔国王在奥洛莫乌茨遭暗杀，尽管捷克王国当时是中欧最强大的国家，因为绝嗣之故，统治捷克400多年的普热米斯尔王朝就此结束。

卢森堡家族的统治。1310年，普热米斯尔家族最小的妹妹之夫扬·卢森堡在争夺王位的斗争中获胜，其父是神圣罗马帝国皇帝兼罗马国王亨利七世。

欧洲各国宫廷非常讲究门当户对，如此联姻和传位并不鲜见。12世纪起的神圣罗马帝国，包括今天的奥地利、瑞士、荷比卢、西里西亚、波希米亚、摩拉维亚、德国和意大利北部。扬·卢森堡的长子就是赫赫有名、有口皆碑的查理四世（1316—1378）。

查理四世对捷克的发展产生了深远的影响。他的母亲是捷克人，普热米斯尔家族最后一代、波希米亚的国王瓦茨拉夫三世的妹妹。查理四世出生在布拉格，成长于巴黎宫廷中，也去过卢森堡和意大利北部，17岁时会说法语、意大利语、德语和拉丁语，后来很快也学会捷克语。他于1346年当上罗马的国王，1355年又加冕为神圣罗马帝国皇帝。查理四世是难得的学者型皇帝，喜欢西塞罗，但丁的著作，翻译过奥古斯都的作品，乐与大学者交往。

查理四世时期，波希米亚成为神圣罗马帝国的核心，布拉格是神圣罗马帝国的首都。捷克成为中欧强国，他奠定了布拉格的基调，大兴土木进行了重建，修建横跨伏尔塔瓦河两岸的查理大桥，着手建设新城区，改建布拉格城堡的皇宫、圣维特教堂、维舍堡，在城里修建许多哥特式建筑并在城郊建查理城堡等。

此外，当时的下卢齐支、西里西亚的大部和布兰尼波尔地区都划归捷克。如果你有机会来到古色古香的布拉格，一定能亲眼目睹他留下的众多胜迹。

查理四世在1348年创办了中欧最古老的大学，即现今以他名字命名的查理大学。他重金聘请了不少学者到布拉格大学任教，直至其去世前，这座新兴的大学已有11万学生。

壮阔的现代史

胡斯革命运动爆发
抗击全欧十字骑兵

胡斯像

14世纪下半叶，捷克出了一位宗教改革家扬·胡斯。他毕业于查理大学，又历任该校教授、系主任和校长，后为神甫，兼布拉格伯利恒礼拜堂教士。作为宗教改革的先锋，他为了基督教信仰的纯洁而努力：他反对德意志封建主和天主教会对捷克的压迫与剥削，严厉谴责教皇兜售"赎罪券"，反对教会占有土地，抨击教士的奢侈堕落行为，主张用捷克语举行宗教仪式，教徒和主礼教士在弥撒中同领面饼（"圣体"）和葡萄酒（"圣血"，天主教规定教徒只能领面饼）。教皇和德意志天主教会把他视为仇敌，1414年康斯坦茨会议，将他诱骗逮捕，并于次年以"异端"罪名处以火刑。

胡斯这位捷克史上的伟人，他的死亡，激起捷克人民的无比愤慨，触发了震撼全欧的胡斯战争。这是一场捷克人民反对德国封建主和天主教会的民族解放战争，前后持续了15年。

1420—1431年，教皇和神圣罗马帝国皇帝对起义者发动5次十字军进攻，都被击溃。在胡斯军杰出军事领袖日什卡的指挥下，起义者用各种武器包括

Tips

"首次掷出窗外事件"

1419年布拉格人民举行起义，攻占新城区市政厅，愤怒的人群将市政官员从市政厅的窗户扔出去，这就是布拉格的"首次掷出窗外事件"。起义者分成两派：代表中小封建主和城市中等阶级的圣杯派和代表农民及城市平民利益的塔博尔派。

连枷等农具英勇作战,用连接在一起的战车抵挡敌人骑兵的冲锋,打了许多胜仗,威震全欧,使从四面八方招募来的十字军,一听到胡斯战歌就魂飞魄散,狼狈逃窜。

捷克的行政区划

捷克全国共分为14个州级行政区,其中包括首都布拉格市与13个州,具体如下:

中波希米亚州

南波希米亚州

皮尔森州

卡罗维发利州

拉贝河畔乌斯季州

利贝雷茨州

赫拉德茨–克拉洛维州

帕尔杜比采州

维索奇纳州

南摩拉维亚州

奥洛莫乌茨州

兹林州

摩拉维亚–西里西亚州

上图:以胡斯为主题的油画　下图:胡斯战争的纪念沙雕,南波希米亚 (图/视觉中国)

奥斯特里茨战役，捷克称之为斯拉夫科夫战役，是19世纪初著名的战役，发生地就是捷克布尔诺附近的斯拉夫科夫。拿破仑以少胜多，打败了俄奥联军，奥地利皇帝被迫取消了神圣罗马帝国皇帝的封号，神圣罗马帝国的历史由此结束

这场战争是捷克最大的反封建运动，也是欧洲最大的反封建运动之一，对捷克历史的发展以及欧洲的宗教改革运动有很大的影响。

民族复兴硕果累累
与强为邻命途多舛

1526年，奥地利哈布斯堡王朝的斐迪南一世被选为捷克国王，自此捷克便失去独立地位并处于该王朝的统治之下近400年。1618年发生"第二次掷出窗外事件"，愤怒的布拉格人把两名亲奥地利的官员扔出布拉格城堡窗外，由此引发全欧首次长达30年的战争，捷克如坠万丈深渊，史称"黑暗时期"。

战后经过大约160年的休养生息，捷克又充满生机和活力，掀起轰轰烈烈的民族复兴运动。他们推动当局于1781年废除农奴制（农奴的劳役直到1848年才废除），而且捍卫本民族的语言、文化和历史，兴建民族博物馆和民族剧院，要求恢复国家完整、实现民族平等。他们于1805年开始实施小学义务教育，随后于19世纪70年代完成工业革命，19世

纪末工业产值占奥匈帝国的70%左右，成为中欧工业最发达的地区之一。

1918年奥匈帝国在一战中战败，西方国家最初企图以奥制德，后来发现十月革命后的俄国是个更大的威胁，转而支持奥匈帝国的斯拉夫民族独立。于是捷克便与斯洛伐克携起手来，重续前缘，在1918年10月28日组成捷克斯洛伐克共和国。

Tips

捷斯两族历史渊源

捷克和斯洛伐克两个民族十分相近，语言相通，不过由于双方分别在奥地利和匈牙利的统治下生活约400年和900年之久，文化有所不同（后者到19世纪中叶才有规范化的书面语言），它们在重聚时情况还是有差别的，捷克工业已相当发达（奥匈帝国70%的生产力集中在捷克地区），而斯洛伐克还是个农业国。两者地处欧洲中心位置，战略地位至关重要，与德、匈等有领土纠纷，欧洲乃至世界列强都对其虎视眈眈。一战后它们为维护自身的利益和斯拉夫特性，携手成立新国家。

左图: 奥斯特里茨（捷克称之为斯拉夫科夫）纪念碑，纪念1805年拿破仑军队以少胜多，战胜俄奥联军的著名战役

下图: 奥斯特里茨战役纪念活动（图/视觉中国）

看点 二战在欧洲的结束是以布拉格起义胜利为终点的。
See the world with a diplomat

20

we all live on the same planet

国家公墓, 2015年 (图/视觉中国)

**二战在欧洲的结束之地并非柏林,
而是布拉格**

　　1944年8月29日斯洛伐克游击队和反法西斯军队举行反抗德军占领的武装起义,这是斯洛伐克民族斗争史上最光辉的篇章,又是欧洲仅次于前南(南斯拉夫)抵抗运动的第二大反法西斯起义。1945年5月5日,布拉格人民举行起义,同德军进行街垒战。5月8日德国已无条件投降,可是布拉格的德军仍在垂死挣扎,于是苏军(苏联红军)又从柏林长途奔袭布拉格,支援那里的起义者,帮助全捷克获得解放。因此,二战在欧洲的结束之地并非柏林,而是布拉格。

　　1938年9月15日,英法为把纳粹德国这股祸水东引,使其矛头对准苏联,不惜牺牲自己的盟友捷克斯洛伐克,与德意签订《慕尼黑协定》,强迫捷克割让它西南北三面德意志族人居住的苏台德区(这些人是数百年前从德国迁移来的)。然而,英法的绥靖政策更助长了德国的侵略野心,后者于次年3月15日出兵占领捷克全境,使其成为继奥地利之后被德国占领的第二个国家。面对德国的占领、控制和西方的叛卖,捷克斯洛伐克人民奋起反抗,涌现许许多多可歌可泣的英雄事迹。

　　二次大战之后捷共执政,美苏大搞冷战,捷克不得不照搬苏联模式。直到1968年1月亚·杜布切克当选为捷共中央第一书记,捷共制定《行动纲领》并开始付诸实施,把广大人民群众的积极性调动起来，在全国造成一种生气蓬勃的局面，被誉为"布拉格之春"。笔者当时正在布拉格出差，有幸亲历其境，在此不赘。

捷斯两族和平分手
一起转轨回归欧洲

1989年东欧发生剧变，波兰、匈牙利和东德先变，接着捷克斯洛伐克也变。有一种说法称，波（兰）搞了10年才成功，匈（牙利）搞了10个月，东德10个星期，捷（克）10天，罗（即罗马尼亚）10个小时。其速度之快，出于几乎所有人包括当事者的意料。出事之日，捷共领导人还在外地度周末，反对派也没想到这次居然会成功。

捷克和斯洛伐克两族最后还是不免分手，除斯方各党派都对从1969年起虽实行联邦制，可是两族实际上并不平等普遍表示不满外，直接原因是右翼党派和左翼党派分别在捷斯两地的选举中获胜并分别在人民院和民族院拥有多数，两党及其领袖总是谈不拢。

捷斯两族和平分手后，捷克共和国新的领导人政治上推行两院议会制。对此，人们并不陌生，早在1918年捷克就曾仿效法国，实行议会民主制。根据传统，总统拥有相当大的权力。捷克党派众多，不过实际上由公民党和社民党两大党轮流坐庄，两党都曾组织过少数派政府。经济上，捷克采取"休克疗法"，推行私有制基础上的自由市场经济。对外，捷克回归欧洲，于1998年加入北约，2004年加入欧盟。斯洛伐克情况有所不同，不过做法大体相似，在此不赘。

玛利亚温泉小镇（图／张克平）

春日布拉格（图／视觉中国）

We all live on the same planet

中欧名城布拉格

穿越时空的神奇所在

布拉格是捷克共和国的首都，政治、经济和文化中心，总统府、议会和政府机关的所在地，1000多年来，布拉格一直是捷克的首都。更幸运的是，它躲过了战争的摧残，没有像其他欧洲城市那样，因为战后重建的缘故导致建筑格局被破坏。这座城市留下了每个时代的印痕，无声诉说着岁月如何变迁，所以被称为"建筑博物馆"，人们可以见到自11世纪到21世纪的几乎所有建筑形式。在面积只有900公顷的城市核心区，国家级历史保护文物达2000处。1992年，布拉格核心区被联合国教科文组织列入世界遗产名录。

城市坐落在布拉格谷地，伏尔塔瓦河犹如一条轻柔的飘带，自南向北穿城

伏尔塔瓦河岸边的布拉格城堡（图／张克平）

而过，蜿蜒曲折，波光潋滟。

斯美塔那曾为交响曲《伏尔塔瓦河》写了如下文字："……两条小溪流过寒冷呼啸的森林，汇合起来成为伏尔塔瓦河，向远方流去。它流过响着猎人号角回音的森林，穿过丰收的田野，欢乐的农村婚礼的声音传到它的岸边。在月光下仙女们唱着蛊惑人心的歌曲，在它的波浪上嬉游。

"……伏尔塔瓦河从斯维特烈峡谷的激流中冲出，在岸边轰响并掀起浪花飞沫。在美丽的布拉格的近旁，它的河床更加宽阔，带着滔滔的波浪从古老的维舍堡的旁边流过……"

从来没有一首曲子这样细腻地描写一条河流，它让捷克人引以为傲的伏尔塔瓦河更富灵性。捷克音乐之父斯美

伏尔塔瓦河畔的民族剧院，捷克人最早开始用捷克语进行演出的剧院之一，19世纪80年代由捷克爱国人士募捐资金建成（图/视觉中国）

塔那深深地热爱着他的祖国，用5年时间完成了享誉世界的交响诗套曲《我的祖国》，毫无疑问，《伏尔塔瓦河》是其中最为动人的一章。

布拉格冬天不太寒冷，夏天也不炎热，气候宜人。全市人口126万左右，绝大多数为捷克人（包括摩拉维亚人和西里西亚人），此外还有斯洛伐克人、波兰族人、德意志族人、罗姆（吉普赛）族人等。近20年来，大批西方人涌入，在这里做生意或进行投资。

布拉格为捷克最大的经济和工业中心，工业以机械、电机、汽车、化学等为主。该市既是捷克科学院、查理大学及其他高等学府所在地，又拥有为数众多的图书馆、博物馆、画廊、剧院、音乐厅和电影院等，是全国主要文化中心。此外，布拉格还是欧洲重要的交通枢纽，南来北往，交通便捷。从布拉格到欧洲各国首都的航程，只需要1—2.5小时。除市中心难免发生堵车外，布拉格的公共交通非常顺畅便捷，有完善的地铁、有轨电车和公共汽车交通网，车票在所有公共交通工具及换乘中都通用，尤为难得的是，公交车包括有轨电车一般能按照行车时刻表准时行驶。

Tips

最美的季节，看最美的布拉格

布拉格位于北纬50度、东经14度，与法兰克福、温哥华同一纬度。布拉格一年四季分明，平均温度冬季为零下5摄氏度，夏季为20摄氏度，春夏秋三季均适合前往旅游，当然，最好在春暖花开的5月份去。布拉格有7座山峰，伏尔塔瓦河两岸由18座桥梁相连，河中有9个小岛，可从不同角度欣赏布拉格的美景。

金色布拉格, 建筑教科书的示范地

布拉格的核心部分为老城区、小城区、布拉格城堡、维舍堡、新城区和犹太区。身为神圣罗马帝国皇帝兼捷克国王的查理四世,对布拉格的定位和建设作出巨大贡献。在他当政期间,修建了连接伏尔塔瓦河两岸诸桥中最著名的查理桥,1348年创办了中欧最古老的查理大学,还开建新城区等。那时,布拉格成为神圣罗马帝国最重要的城市,仅次于罗马的欧洲第二大城市。

在震撼全欧的胡斯革命运动中,布拉格民众与战将日什卡一起,冲锋在前。布拉格虽屡受异族统治和外国占领,所幸其珍贵的文物古迹未遭战火的严重破坏,保存堪称完好,使国内外游客得以大饱眼福。

布拉格众多的建筑物完整地保存着从中世纪至今主要的建筑风格,从罗马式到哥特式,从文艺复兴式到巴洛克式及洛可可式,再从新古典主义到现代派,一应俱全,应有尽有。罗马式建筑10—12世纪风靡欧洲,也是早期波希米亚国王统治时期的标准建筑风格,布拉格最古老的建筑也可以追溯到这个时期,以圆形设计、拱门和巨墙为特色。布拉格城堡的圣易瑞教堂和维舍堡的圣马丁圆顶教堂都是杰出代表。哥特风格是布拉格的主流建筑风格,形成于13—

14世纪，查理四世时期尤其风行，又高又尖的屋顶，又高又窄的窗户，内部的肋架拱顶，外部的高挑飞拱，都是哥特式建筑让人过目不忘的细节之美。16世纪哈布斯堡家族掌握了波希米亚王权后，从意大利延请了建筑师，打造体现古典风格和贵族特色的建筑，把对称和华丽发挥到极致，被称为"波希米亚文艺复兴"，为斐迪南一世的王后安娜修建的夏宫，是个中翘楚。之后巴洛克风格、新古典主义、新艺术风格和众多风格汇聚的现代潮流层出不穷，布拉格有各种值得一看的建筑，因此，它被誉为"建筑博物馆""建筑教科书"。布拉格拥有数以百计的尖塔，所以又被称为"百塔之城"。

每当金色的阳光洒向布拉格万千红色的屋顶，布拉格显得金光灿烂（另一说，该市早期罗马式建筑常用厚泥岩石材，产生了特殊颜色），因此又有"金色的布拉格"之美誉。

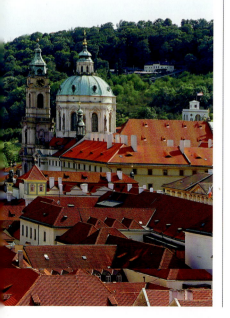

上图:圣易瑞教堂的巴洛克式楼梯
左图:金色布拉格 (图/张克平)

象征独立的布拉格城堡

布拉格城堡位于伏尔塔瓦河左岸的山顶上,气势雄伟,占据着城市的中心,从这里居高临下眺望,百塔之城布拉格的美景尽收眼底。自9世纪下半叶以来,布拉格城堡作为捷克王宫,是历代君王的居所,1918年起成为总统府所在地,国家元首的官邸。

城堡总面积达45公顷以上。根据吉尼斯世界纪录,布拉格城堡是当今世界最大的古代城堡——长约570米,平均宽度128米。

这里的建筑物经历过从罗马式到

哥特式的转变，也有的是文艺复兴式和巴洛克式。布拉格城堡是各种建筑风格汇集地，与历代君主断断续续的扩建不无关系。查理四世和鲁道夫二世时，这里曾作为神圣罗马帝国的皇宫，大兴土木，盛极一时。查理四世的儿子瓦茨拉

左图：布拉格城堡卫士（图／张克平）
下图：布拉格城堡入口处（图／视觉中国）

布拉格城堡区游人如潮。

See the world with a diplomat

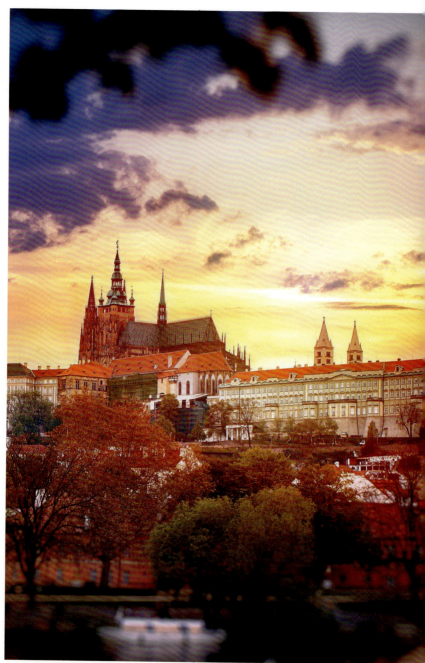

布拉格城堡 (图/视觉中国)

布拉格盾徽

夫四世因胡斯运动爆发前国内局势的压力, 从布拉格城堡迁往老城的王宫。

布拉格城堡命途多舛, 既着过大火 (1541年), 又成奥地利人暂住的庄园 (1620年后), 被瑞典人掠走收藏品 (1648年), 被普鲁士人攻占 (1757年, 毁房约880间) 等。不过, 浪沙淘尽始见金, 我们今天看到它仍巍然屹立在原地。

布拉格城堡由整套的宫殿、房屋、庭院和花园组成, 普通游人想完美地了解和熟悉它, 几乎是不可能的。城堡入口有好几个, 正式访问一般都从正门进入, 首先看到的是第一院落, 然后是第二院落, 包括圣十字教堂、狮之喷泉等。再进入第三院落, 那里有圣维特教堂和老王 (皇) 宫, 朝向南方的圣维特教堂高耸于庭院之中。

再向前, 进入圣易瑞教堂和圣易瑞广场区域。圣易瑞作为英格兰守护神而闻名遐迩, 同时, 在波希米亚他也是一位重要的圣人, 圣易瑞屠龙的传说象征着基督教对于异教徒的胜利, 历代虔诚的君主都纷纷赋予其象征意义, 圣易瑞教堂的建造者弗拉基斯拉夫一世是其中著名的一位。

布拉格城堡内不单有宫殿和著名的教堂, 也有小手工业者曾居住的小巷——黄金巷, 由窄窄的又高低不一的小房子构成。

Tips

如何探索布拉格城堡区

距离布拉格城堡区最近的地铁站是Malostranská, 从这里开始, 经过老城堡陡峭的台阶, 可到达城堡东边。从布拉格城堡向北走10分钟左右, 有另一个地铁站。

乘坐有轨电车22路, 也可以到达布拉格城堡区。

城堡区极富吸引力, 所以游客众多。为了避免人流高峰, 尽量早去或者晚到, 或者尽可能在工作日前往。因为门票的有效期为2天, 所以明智的选择是利用两个安静的早晨悠闲参观, 不必挤在一天内匆忙结束行程。如果想体验当地人的生活, 可以去城堡北边的雄鹿护城沟, 城堡区的居民多在这里遛狗散步。

规模宏大的总统府

城堡区呈西南—东北走向，入口处大铁门两侧各有一座巨人搏斗的群雕，这是建于1767—1770年的巴洛克风格泰坦巨人。两名高大帅气的士兵在它们的下面站岗，纹丝不动，不苟言笑，不时有年轻女郎与之合影留念。如果凑巧，可看到每小时一次的换岗仪式，其中耗时最长、给人印象最深的交接仪式在中午。1989年，时任总统哈维尔邀请电影《莫扎特传》的服装设计师泰铎·皮斯林克设计了新的军队制服，用时尚的淡蓝色制服替代了之前的卡其布制服，并且沿用至今。

由此进入城堡的第一院落，那里有两根高大的旗杆，每天举行升国旗仪式。如有贵宾来访，那里就铺上红地毯，由总统陪同贵宾检阅仪仗队。院落的东

第二院落 (图/视觉中国)

南角，有台阶通往二楼的总统会客厅。此外，总统府还有绘画厅、音乐厅、镜子厅和社交厅等，其余为办公室。

总统府从第一院落开始，经过第二院落，延伸到第三院落，规模宏大，蔚为壮观。如果总统在布拉格，总统府上便升起总统旗。出于可理解的原因，总统府只能在某些时间向公众开放。笔者旅捷近20年，仅亲历递交国书仪式和观看检阅仪仗队各一次。那次递交国书是在

金碧辉煌的西班牙大厅，位于第二院落的北部 (图/视觉中国)

第一院落和第二院落之间的马蒂阿什门,是
布拉格第一座巴洛克式建筑

20世纪70年代初,捷方负责接送中方参与该项活动人员,来到总统会客厅,我驻捷大使递交由国家领导人签署的国书并致颂词,捷总统接受国书并致答词,随后与我方人员一一握手,之后,与我大使进行简短的交谈,仪式到此随即结束。这一切,都是按照事先制定的程序一步一步进行的。

魅力依旧的老王(皇)宫

 经巴洛克式的马蒂阿什门进入第二院落,这里有收藏圣维特大教堂珍宝的圣十字小教堂和巴洛克式喷泉。进入第三院落,如沿南面带阳台的总统府向东行进,很快就可到达老王(皇)宫。老王(皇)宫是城堡最古老的建筑之一,起初只为捷克公主所用,但13—16世纪,这里成为国王自己的宫殿。

 最吸引人的弗拉基斯拉夫宫(按波兰语发音应为瓦拉基斯拉夫宫),为波兰雅盖隆王朝的国王从老城王宫迁回城堡区时所建,始建于1486年,1502年竣工。该宫殿是当时布拉格最大的世俗大厅,长62米,宽16米,高13米,属于晚期哥特式建筑。穹顶为巧妙地交织在一起的肋架,由本迪尼克·雷杰设计,大厅里没有柱子支撑,这在当时无疑是个了不起的建筑成就。

 大厅左边有骑士楼梯,是为了方便当时的骑士骑马进入大厅。

 过去国王在这里举行加冕典礼,接受百官朝贺,如今在这里选举总统,已成惯例。从这里可进入卢德维克宫——捷克昔日波希米亚总督府,1618年5月23

日晚上，奥地利哈布斯堡家族的两名全权代表及其秘书在这里被因受压迫而发怒的捷克新教徒抛出窗外，掉到东面护城河的牛粪堆上，侥幸未死。这是继1419年胡斯派支持者把市政官员抛出新城区市政厅窗外之后，布拉格的又一次"掷出窗外事件"，它标志着捷克反哈布斯堡统治之起义的开端，同时引发全欧血腥的战争——天主教和新教之间的"三十年战争"。此外，老议院也值得一看，贵族院曾在这里选举国王，历任总统在这里宣读誓言。

弗拉基斯拉夫宫，晚期哥特式建筑，总统选举在这里举行（图/视觉中国）

布拉格最大的教堂圣维特大教堂

圣维特大教堂的修建断断续续跨过了600多年，是中欧装饰最丰富的大教堂之一，对捷克的宗教文化生活有着不同寻常的意义。因为最初的意图就不仅仅是建造一个体面的大教堂，而且还打算作为捷克国王的陵寝墓地和首饰珍宝的安全储藏地。不过没想到的是，建筑过程历时漫长，风格多变。929年这里是献给圣瓦茨拉夫的圆形大厅，后来演化为罗马式长方形，1344年才由查理四世下诏改建为哥特式，不过时间拖得很长，导致建筑风格也不一致，有的部分为文艺复兴式和巴洛克式，西部则为新哥特式，建于1873—1929年。

最初的设计师是阿拉斯的马蒂阿什，他为教堂修建了法国哥特式的唱诗班圣坛，历时8年直至其去世，由曾参与建造科隆大教堂的德国人彼·帕尔勒接替, 但也未能完工。15世纪后中断了数百年, 1861年重新开始修筑, 1929年才顺利完成。

　　圣维特大教堂有三块相连的地基, 借用我国传统说法为三进式, 皆言其大, 地基既长又宽, 长124米, 宽60米, 高33米, 主塔高99.6米。该教堂堪称捷克的艺术宝库, 在周围28根立柱之上, 有查理四世及其家族成员、布拉格大主教和教堂建筑师等的数十尊半身雕像。两侧共有21个礼拜堂, 每个都拥有圣器, 以及绘画、雕刻、壁画等艺术品。其中, 南侧的圣瓦茨拉夫礼拜堂最为漂亮, 墙壁下部镶嵌1300多块绿宝石、紫水晶、

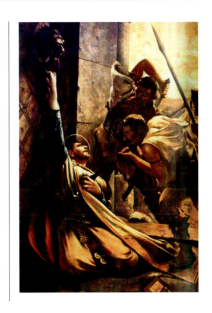

下图:圣维特大教堂 (图/张克平)　右上图:关于圣瓦茨拉夫传说的画作

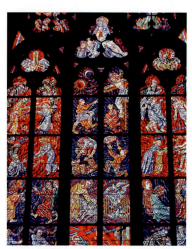

教堂窗户的彩色玻璃镶嵌画（图／视觉中国）

玛瑙、红宝石、翡翠等并饰以壁画，上部是关于圣瓦茨拉夫传说的画作：瓦茨拉夫王子为其弟所杀，后被尊为圣徒。这里存放着圣瓦茨拉夫的遗骸，也是通往储存捷克皇冠的珍宝室的入口。

圣维特大教堂的主塔是全市最佳

的观景之处，爬297级台阶可到达顶端，不过冬季不开放。这里有四个大钟，其中西克蒙德钟为捷克最大，高2.03米。

教堂四周窗户的彩色玻璃镶嵌画，是捷克此类艺术的代表作，大多创作于20世纪初期。就其内容而言，一般虽离不开宗教，可都出自名家之手，鲜艳夺目、历久弥新。

圣瓦拉茨夫小礼拜堂有捷克国王的陵寝，主祭台之前安放着斐迪南一世及其妻儿的白色大理石石棺，在地下室有查理四世及其四位妻子和子女、捷克本族最后一位国王（1458—1471在位）和鲁道夫二世等的石棺，目前不对外开放。这里还有珍宝室，珍藏着国王加冕时使用的重达2.4公斤、镶嵌96颗宝石（其中不乏一些世界级的宝石）、20颗珍珠的王冠，14世纪上半叶的剑、金权杖、金苹果，用金丝编织的长袍和带子等。不过，

捷克国王加冕时的珍宝器物（图／视觉中国）

该室用7把锁锁着,钥匙分别由7个机构掌管,珍宝难得一展,在老王(皇)宫中可见其复制品。

顺便一提,进教堂须脱帽,不许大声说话。此外,教堂南侧有用整块大理石雕成的、高16米的方尖碑——第一次世界大战死难者纪念碑和1373年哥特式的圣易瑞骑马青铜雕像(复制品)。

最古老的圣易瑞教堂及修道院

教堂为城堡里完整保存至今的最古老的教堂,修建于920年之前。1142年和1541年两次着火,后改为文艺复兴式及巴洛克式,1897—1907年修缮时又恢复罗马式。教堂内值得一看的有6根精美的廊柱和捷克最重要的罗马式三层浮雕等。教堂有一双挺拔的白塔,鹤立鸡群。这里的修道院是捷克的第一座女修道院,建于973年,1974年起替代民族画廊收藏和展览捷克中世纪和17—18世纪的艺术品。有时也在这里举行音乐会。

Tips

布拉格城堡门票

布拉格城堡门票有两种,有效期都是2天,可以进入不同的景点游览。长程票略贵,参观景点也更多,包括圣维特大教堂、老王(皇)宫、布拉格城堡故事、圣易瑞教堂、火药塔、黄金巷和达利博尔三塔、布拉格城堡美术馆和罗森堡宫。

短程票便宜一些,景点也仅包括圣维特大教堂、老王(皇)宫、圣易瑞教堂、黄金巷和达利博尔三塔。

除了第一院落和第二院落的信息中心可以购票外,每个主要景点入口处都可以购票,非常方便。

收藏丰富的城堡画廊和鲁道夫画廊

城堡画廊原为马厩,现在成为收藏提香、鲁本斯等名家的画作和布劳恩的雕塑的处所。身为神圣罗马帝国皇帝和捷克国王的鲁道夫二世热衷于收藏绘画、艺术品和珍奇古玩,以收藏宏富闻名于世。他欣赏高水平的艺术品,因此把布拉格皇宫变成了当时欧洲最大的美术馆之一。不过其收藏品后来大部分都运回维也纳,还有相当部分藏品1648年被瑞典人掠走,这里收藏的只是其中的一部分。此外,鲁道夫二世将其官邸

鲁道夫二世

黑、白、达利博尔三塔

从维也纳搬到布拉格近30年，请来许多著名科学家（如天文学家开普勒）和艺术家，并允许捷克教徒信仰新教，使布拉格成为当时神圣罗马帝国的经济文化中心。

离此不远还有不乏世界名作的民族画廊，原为建于1698—1720年的施泰因贝克宫，收藏世界级古老艺术品（如伦勃朗、鲁本斯、丢勒、戈雅等的画作）、法国19—20世纪艺术品（如毕加索、凡·高等的画作）和捷克14—16世纪从哥特式到文艺复兴式的绘画雕塑作品。欧洲19—20世纪的艺术品（如毕加索、莫奈、雷诺阿、塞尚、高更的画作）收

藏在博览会宫。

皇家花园里有文艺复兴式建筑的代表作安娜夏宫，是斐迪南一世为王后安娜而建的。夏宫在意大利雕刻家德拉保罗斯特拉的提议下建造，因为资金短缺和1541年的大火而中断过，直到1563年才建成。一楼有拱廊，二楼是舞厅和画廊。鲁道夫二世期间，夏宫曾一度成为观星室，有天文学家在此工作过。

曾作为监狱的黑、白、达利博尔三塔，它们是城堡区城墙的组成部分，位于布拉格城堡区的北部。白塔在白山之役后囚禁过贵族起义领袖达利博尔，如今墙上仍留有其字画，据说他演奏小提琴的时候，整座城堡都能听见。斯美塔那受启发而创作的歌剧《达利博尔》，就是以此为故事原型的。1939年3月15日纳粹德国占领捷克全境直到1945年，禁止捷克演出斯美塔那充满爱国激情的歌剧《丽卜雪》，捷克人就改演《达利博尔》。三塔中的黑塔关过债务人。

对游客来说独具魅力的黄金巷是1597年后修建的、背靠城堡北墙的一长排彩色低矮小屋。鲁道夫二世热衷于炼金术、巫术和魔术等，不过与传说相反，其金匠或炼金术士并未在这里住过。最

上图：黄金巷东边12号 (图/张克平)
下图：独具魅力的黄金巷

初在这里居住的是城堡的射手，后来是手艺人、工匠、镀金匠和裁缝等。用德语写作的德国犹太作家卡夫卡，曾在其姐的黄金巷22号房子小住过，如今这里是出售纪念品和书籍的小店铺。小巷东边12号曾是一位电影历史爱好者的深居简出之处，起居室墙面上投影着城堡档案的胶片图像。

说到捷克的绘画艺术，笔者作为业余爱好者不免有几大感慨：其一，捷克本国的油画名家名作其实并不少，只不过较之建筑和雕塑艺术的巨大成就相形见绌而已；其二，捷克绘画颇具实用性，最著名的大画家都为老城市政厅天文钟和民族剧院作过画；其三，特别重视儿童读物的插图，大画家们都乐此不疲，留下许多佳作。

城堡以外但仍被列入城堡区的精彩景点

洛雷塔教堂 (图/视觉中国)

斯特拉霍夫修道院图书馆 (图/视觉中国)

　　捷克最著名的天主教教徒朝圣地——洛雷塔教堂在捷克大约50座相似的教堂中出类拔萃，建于1626—1750年，建筑正面为巴洛克式。朝圣者住的小屋位于庭院中，四周建有回廊。教堂钟楼每小时除报时外，还奏响几种不同风格的钟声音乐。

　　这个朝圣地相当受欢迎，所以集结了许多天主教徒奉献的捐赠品，后来成为独特的洛雷塔珍藏馆。最吸引人的是拥有7个金银镶嵌钻石的宝盒(箱)。其

中之一是镀金的圣器，高89.5厘米，宽70厘米，重12公斤，镶嵌了6222颗钻石，钻石圣体盒名为"布拉格太阳"。此外，还有1510年的哥特式圣杯、1650年的家庭银质祭坛等。

　　捷克最大最豪华的修道院——斯特拉霍夫修道院声名赫赫。莫扎特拜访布拉格的时候，在此处即席演奏过。修道院建于1140年，原为罗马式建筑，1258年焚毁，之后改为早期哥特式风格。修道院图

钻石圣体盒

书馆有800多年历史,两个宏伟的巴洛克大厅目前均不对外开放,因为游客呼吸的水汽会导致湿度变化,毁坏壁画。神学厅建于1671—1679年,为早期巴洛克式,哲学厅建于1782—1784年,长、宽、高分别为32米、10米和14米。两者收藏为数众多的珍贵图书和手稿,美轮美奂的天花板壁画最引人注目,是欧洲最美丽的大厅之一。

上世纪50年代初,在此设立捷克民族文学博物馆,收藏大约13万册书籍、300万页左右的手稿等。捷克科学院、捷克与世界文学研究所也设在这里。此外,这里还是极好的观光处,可同时看到伏尔塔瓦河两岸的4个古老城区。

宏大壮观的切尔宁宫,正面宽150米。1669年哈布斯堡王朝驻威尼斯公使切尔宁开始建造这个宫殿,工程持续了半个多世纪,曾遭普鲁士军队轰炸和被法国占领军损坏。20世纪30年代初起为捷外交部,不对公众开放,只能从外

斯特拉霍夫修道院

Tips

在城堡区寻觅美食

布拉格城堡区域内大多数餐馆专门为游客提供餐饮,尤其是晚上,城堡关门后,会变得非常安静,适合用餐。其中,比较有特色的是MALÝ BUDDHA,以亚洲菜系为特色,泰国菜、越南菜和中餐皆有,其中有一些是素食,加上烛光、焚香和佛龛的氛围,容易让人安静享用美食。HOST是另外一家兼容各种菜肴的现代风格餐馆,隐身于两条街道中间的狭窄楼梯入口处,有户外天台,可以饱览美景。菜单种类丰富,从牛排汉堡到传统捷克菜肴,甚至有春卷和炒虾等亚洲小吃。

最有捷克美食特点的餐馆是U ZLATÉ HRUŠKY,主打波希米亚鱼类、家禽和野味菜肴,其中牛肚油焖肉块是招牌菜,当地人甚至名人,都喜欢来这里用餐,夏日里坐在街边绿树下,既可以享受美食,还可以欣赏街景。

部一瞥。此外,巴洛克式的大主教宫和
外观独特的施瓦岑伯格宫(曾用作军事
历史博物馆,2007年起收藏展出民族画

廊的经典艺术作品)也引人注目。
　　城堡南坡有好几个小巧精致的花
园,夏季周末对公众开放,冬天不开放。

切尔宁宫 (图/视觉中国)

地处城堡之下的小城区

小城区紧靠布拉格城堡，在查理四世时获得大发展，面积迅速扩大，还修建了新城墙。不过，1419年布拉格人与城堡卫队打仗时小城区被焚毁了，16世纪又连遭两次大火，其中1541年的那次火灾后果尤为严重，甚至殃及城堡。此后，时来运转，由于它拥有紧靠城堡王宫的地理优势，发了财的大贵族纷纷来此建造豪华的宫殿和阶梯式花园，教会也来此建教堂，建筑风格都是巴洛克式的，使其面貌焕然一新。不过，1648年瑞典军队攻占布拉格之后，捷克的行政管辖机构迁往维也纳，贵族也迁走了，住在这里的主要是小手艺工匠、普通市民和艺术家等。

巴洛克建筑的杰出代表

圣米库拉什教堂是巴洛克式建筑的华美代表，在小城区中，圣米库拉什教堂巨大的绿色圆屋顶十分耀眼。教堂落成于1283年，原为哥特式，1703年拆了重建，历经50多年，直至1755年钟楼建成。教堂四周墙上壁画面积达1500平方米，为欧洲最大的壁画之一，讲述圣米库拉什的经历，4世纪初他是小亚细亚迈拉的主教，后来被封为正义的守护者和布拉格的守护神。穹顶的壁画面积达75平方米。主祭坛上有圣米库拉什的

圣米库拉什教堂（图/视觉中国）

瓦尔德施泰因宫 (图/视觉中国)

镀金雕像和出自名家之手的绘画作品等。顺便说一句,圣米库拉什教堂不是天主教教堂,是为感谢耶稣会的大力支持而建。莫扎特1787年曾经在这里弹奏过2500管的管风琴。

布拉格第一座巴洛克式大型建筑瓦尔德施泰因宫,建于1624—1630年,由意大利建筑师和名艺术家建造,把晚期文艺复兴式和早期巴洛克式建筑的因素结合起来,是座规模庞大、装饰华丽的豪华宫殿。主厅高两层,窗上装有镜子,天花板壁画将瓦伦斯坦描绘成乘坐战车的战神,相邻三厅挂有荷兰南部壁毯的复制品。瓦尔德施泰因宫花园拥有一个内部装饰华丽的走廊。每逢夏日,这里经常举行音乐会和戏剧演出。园内主道两侧矗立着荷兰旅居布拉格的雕

塑家的诸多精美铜雕,只可惜原作1648年被瑞典军队作为战利品掠走,现在的维纳斯、阿波罗、祭司、酒神和摔跤手等的雕像是一次世界大战初期的复制品。瓦尔德施泰因宫的跑马厅后来改建为民族画廊的展览厅。

瓦伦斯坦是位爱冒险的军事统帅、阴谋家和商人,他原来是捷克贵族军队的上校,背叛神圣罗马帝国后为哈布斯堡王朝效力,以低价从哈布斯堡王朝没收的捷克财产中获得巨大利益,甚至拥有一支自己的军队。皇帝任命他为大元帅,把他提升为公爵。在三十年战争中,他偷偷与瑞典人谈判,还想当捷克国王。神圣罗马帝国皇帝获悉后,1634年下令处死他,并没收其财产。

扬·阿·考门斯基教育博物馆,与捷

克文化部同在一处,是教育研究所的一部分。考门斯基(1592—1670)是捷克杰出的教育家,现代教育学的奠基者,被尊为万国师表。1620年白山之役遭到惨败后,捷克处于哈布斯堡王朝的残酷统治之下,史称"黑暗时期",考门斯基被迫于1628年起流亡国外。此后40多年,他居无定所,先后客居于波兰、英国、瑞典、匈牙利和荷兰等国,最后客死阿姆斯特丹。他主张人人(包括穷人)都应受教育,号召"把一切事物教给一切人",与孔子所提倡的"有教无类"不谋而合。

捷克诗人扬·聂鲁达

他提出要统一学校制度,普及初等教育,分班级授课,扩大学科的门类和内容,从事物本身获得知识。他的教学原则是:概念明确、具体生动、由浅入深、注重德育等。他主张废除强制灌输和咬文嚼字的教学方法,建议激发学生求知的兴趣,教学尽可能直观。他编写了多种教科书,主要著作有《幼儿教材》《大教学论》《语言和科学入门》《世界图解》等。他还是个哲学家,主张人神合一。据笔者所知,捷克研究考门斯基的专家学者20世纪50年代曾来华作学术报告。2005年7月27日,考门斯基的雕像在北京朝阳公园揭幕。

捷克自己的聂鲁达

聂鲁达大街是布拉格最漂亮的街道之一,曾经是通往布拉格城堡的主要通道。以捷克著名的诗人扬·聂鲁达(1834—1891)的名字命名,他曾在这条街上门牌标识为"三只黑鹰"和"两个太阳"的两座房子里住过。智利诗人、1971年诺贝尔文学奖得主巴·聂鲁达(1904—1973)因慕其名而改名。

扬·聂鲁达出生在布拉格小城区,一生都在这里度过,作品里有不少对布拉格生活细节的精彩描写。聂鲁达大街的房子大多是巴洛克式建筑盛行时期建造的,其特点是正面常有房屋标志或门徽。这是布拉格1770年实行房屋编号以前的做法,不过此后人们也喜欢这么做。

小城区的其他景点

为让穷人有饭吃而修建的"饿墙"是布拉格城墙的一部分,查理四世为了遭到严重歉收的穷人免受饥荒,特意提供工作机会,下令于1360—1362年修建一段城墙。城墙从伏尔塔瓦河边经

为让穷人有饭吃而修建的"饿墙"

佩特林山延伸到斯特拉霍夫修道院，现长1178米，高7.5—8米，平均宽1.7米。1976—1984年曾大修过。

　　仿巴黎埃菲尔铁塔建造的佩特林山瞭望塔建于1891年。当时，布拉格正在举办捷克地区大型的工商业展览，其建造用意在于显示捷克在奥匈帝国的重要作用。佩特林山坐落在小城区之上，有几个花园，风景怡人。塔高60米，虽然高度只有埃菲尔铁塔的五分之一，但因建在海拔318米的山上，也相当壮观。春夏天气晴朗时，从塔上可远眺布拉格全貌，甚至欣赏到更远处风景。

　　瞭望塔同时也作为电视发射塔之用。塔下的展厅里有巨幅实景画，以1648年布拉格人在查理桥上同瑞典人搏斗为主题。此外，这里还有哈哈镜迷宫等游乐设施。

　　发了财的大贵族不仅在紧靠王宫的小城区建造了许多豪华的宫殿，与此同时，还在山坡上修建了许多阶梯式花园。那里也不乏出自名家之手的雕塑，如弗尔特巴宫山坡花园就有马·贝·布劳恩(1684—1738)的诸多作品。布劳恩是捷克最著名的巴洛克式雕塑家之一，其代表作有查理桥上的三座雕像、赫拉德茨-克拉洛维州库克斯的"美德与缺德"两组雕像等。与此相仿，佩特林花园里也有浪漫诗人卡·希·马哈(1810—1836)、"水仙女"等十来座雕像，前者是年轻人聚集之处，情侣们多喜欢把马哈雕像作为约会集合点。

佩特林山瞭望塔 (图/视觉中国)

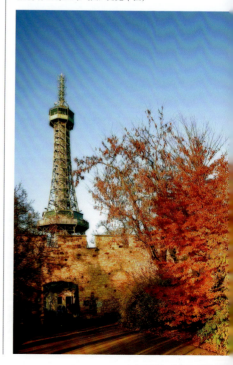

卡夫卡在布拉格街头

黄金巷22号,卡夫卡故居(图/张克平)

饱受争议的卡夫卡

　　弗·卡夫卡(1883—1924)是一位出生在布拉格、大半时间住在布拉格,却用德语写作的德国作家。他出生于犹太中产阶级家庭,毕业于查理大学法学院。他曾在一家国际保险公司工作,由于对工作不感兴趣,开始从事文学创作。后来因患肺结核病而早逝,在遗嘱中让好友销毁其尚未出版的一切书稿。好友慧眼识珠,未销毁遗稿,而是将其付梓,卡夫卡在文学界赢得了巨大声誉。其作品有小说《失踪者》(又名《美国》,未完成)、《庄园》《审判》和《变形记》等。对其作品的评价不一,有的说他是表现主义作家、西方现代派文学的宗师,也有的说他是位荒诞派或颓废派作家。笔者只读过一些有关他的故事,如与19岁的

犹太逃婚女子的旷世之恋,其中还充满对丢失娃娃小女孩的爱怜,觉得还是相当感人的。他以独特的艺术形式描绘人们处于时代变化中产生的情绪和感觉,预感到会出现法西斯的悲剧。不过,其对社会的批评是有限的,也未能指出出路究竟何在。他采取神秘化和超现实等手法,着重表现人的孤独、渺小、无奈,与他人和世界的疏离。卡夫卡作品的主人公与他自己一样,都是不快、消沉、未能成功、不引人注目的人,这与萨特存在主义思想有异曲同工之处。小城区有卡夫卡博物馆。

Tips

捷克文学博物馆

　　捷克文学博物馆不仅存放文学档案,也有图书馆和美术馆。博物馆的重要职责是收藏并向大众普及捷克的文学和图片作品。目前,这里保存约650万册图书、照片、信件以及其他文件,文件档案不仅有图片类,也有声音类和影像类。文学博物馆有自己的研究机构。每年,文学博物馆和捷克文化部都联合举办"捷克最美的书"评比活动。如果去捷克旅行,恰逢公开展览,千万别错过。

自成一景的查理桥

查理大桥是布拉格保存至今最古老的大桥。此位置之前有过两座桥，一座是木桥，比如今的查理桥的位置大概稍微靠下一些；另一座是石桥，比如今的查理桥窄且低，大约存在于1170—1342年间，后被大水冲毁。1357年，查理四世下令修桥，受命指挥建桥工程的是一位年仅27岁的德国建筑师彼·帕尔勒，工程一直持续到1402年才竣工。

查理大桥系哥特式建筑，长515米，宽9.5米，有17个桥墩，用砂岩石块构筑而成，把老城区和布拉格城堡连在一起，成为两地之间的交通要道。相传，为使大桥更坚固，建桥工匠在石灰里添加了生鸡蛋和牛奶。此外，帕尔勒还受命指挥建造桥东的桥头塔、圣维特大教堂、狄恩教堂和查理城堡。

查理桥以"露天雕塑博物馆"驰名于世，桥的南北两侧，矗立着30座近半出自布劳恩等名家之手的巴洛克式雕塑，其中有一些为群像。创意最初来自意大利罗马的安琪儿桥，1706—1714年桥上就已有26座雕像。除青铜雕和大理石雕各一座外，其余均为石雕。雕塑形态各异，内容大多是圣徒的有趣故事，有的颇为激动人心。以扬·涅波姆茨基为主角的雕像，是唯一的一座青铜雕像，据传他作为国王瓦茨拉夫四世的忏悔神甫，因不愿向暴躁的国王透露王后忏悔的秘密（一说违背国王的旨意，确

查理桥 (图／张克平)

认了某修道院院长；又一说率领神职人员，对教会的腐败提出抗议），1393年被国王下令抛下查理桥淹死，1729年被宣布为圣徒。桥中栏杆上的浮雕，就是以

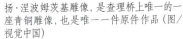

扬·涅波姆茨基雕像，是查理桥上唯一的一座青铜雕像，也是唯一一件原件作品（图／视觉中国）

这一事件为主题的。耶稣受难群像上金色希伯来文又讲述了另一悲惨故事，一个犹太商人因"蔑视十字架"而被判处死刑。

为保护雕塑作品免受风雨的侵袭，现在大家看到的大多是复制品，原作收藏在布拉格画廊的石雕馆。

查理桥见证过众多历史事件。桥的东西两头建有高大漂亮的桥头塔，西头甚至有两个，它们都曾经被当成监狱使用过。东面桥头塔上的捷克两尊保护神雕像、圣维特雕像和查理四世父子的雕像，被认为是捷克14世纪哥特式雕塑的顶尖之作。1621年被哈布斯堡王朝当局处决的12位捷克贵族起义领袖，在塔上被枭首示众长达10年之久！1648年布拉

看点　查理大桥见证了捷克的历史。
See the world with a diplomat

50

we all live on the same planet

查理大桥上，祈求好运——把浮雕摸得锃亮
（图/张克平）

格民众在桥上与占领城堡区和小城区的瑞典人进行搏斗，不让他们越过查理桥。1848年和1945年5月，桥上都曾筑过街垒，进行过战斗。

平日里查理桥上往往人流如织，从桥上看伏尔塔瓦河、布拉格城堡和整个城市，感受这里风景独好。人们喜欢在这里散步和拍照留念，也在这里祈求好运——把桥上的浮雕摸得锃亮。桥上常见人生百态：年轻人情不自禁地唱起歌跳起舞来，学美术的到此写生，街头卖艺者卖力地献艺，卖纪念品的小商贩摆个小摊，或不停地来回走动，在人群中兜售。提示一下，想要近距离地看查

布拉格门牌标志

在还没有建筑物门牌号码的时代，门牌作为标志的意义在于辨识方位，让不懂文字的人也可以找到建筑物的位置。14世纪，布拉格老城的楼房已经使用门牌标志，有些是画上去的，有些是用灰泥制作的，有些是木制的。早期的门牌没有太多颜色，多为红色、黑色或者蓝色。巴洛克式建筑多用金色和银色。有些门牌标志会介绍这座建筑物的起源、相关的传奇故事，有些介绍商店或者屋主的职业甚至他们的姓名。有些门牌是巴洛克艺术家在工作室里创作的，所以成为艺术品。

理大桥全貌的话，从布拉格城堡葡萄园处一路下来，直到伏尔塔瓦河边，会是不错的选择。

历史悠久的老城区

10世纪上半叶，老城区就有捷克人居住，10世纪末这里开始出现市场，后来在此居住的还有犹太人和德意志族商人。12世纪中叶老城区获得大发展，1230年修筑城墙。当时，老城区有70多座罗马式建筑，而整个布拉格已有40多座教堂。1348年，这里创办了中欧最古老的查理大学。在15世纪的胡斯运动中，老城区是圣杯派的中心，其权力和荣耀均达到登峰造极、无以复加的程度。

51

老城区也不止一次见证过捷克民族的悲剧,除1437年胡斯派神甫扬·热利夫斯基和后期领袖扬·罗哈奇等56人在此英勇就义外,1621年捷克贵族反抗奥地利哈布斯堡王朝统治起义的27名领袖在这里被处决。1784年,布拉格四个最古老的城区合并为一,老城区依然是老大。总而言之,老城在中世纪可说是布拉格的心脏,无时无刻不为捷克那激动人心的历史进程而跳动。

万众景仰的宗教改革家扬·胡斯的雕像屹立在老城广场的中央,1415年他因反对天主教会腐败而被罗马教皇处以火刑,胡斯纪念碑于1915年(胡斯遇难500周年)揭幕。胡斯的名言"真理必胜"至今掷地有声,1968年8月21日清晨,布拉格街头出现令人难忘的景象,一名捷克青年扒开衣襟露出胸膛对着

伯利恒礼拜堂

苏军坦克的炮口:"你们有坦克,我们有真理!""真理必胜,侵略必败!"如今,每天都有无数的国内外游客来瞻仰胡斯的塑像并向他表示敬意。

胡斯雕像不远处是胡斯布道的地方——伯利恒礼拜堂。教堂建于1391年,系简单的哥特式建筑。胡斯自1402年起,在此用捷克语而不是拉丁语讲道。1620年白山之役后,新教在捷克遭禁,伯利恒教堂被耶稣会收购。1786年

举办圣诞市场的老城广场 (图/视觉中国)

金斯基宫（图/视觉中国）

教堂三面墙被推倒，19世纪甚至在那里建了民居。直到20世纪50年代初教堂才得以重建，如今是众多游客争先恐后前往参观的地方。顺便一提，伯利恒教堂附近的金斯基宫是18世纪布拉格最漂亮的洛可可建筑，现为民族画廊的版画馆，不妨一起参观。

金斯基宫始建于1755年，10年后建成。建筑师是安那塞勒莫·鲁拉高大师，呈现了巴洛克晚期洛可可式的古典主义风格。现在是捷克国家美术馆分馆，主要陈列古代艺术品和东方艺术品。

这里曾经住过的名人有赫赫有名的阿·诺贝尔，他出于对生于布拉格的和平人士贝·冯·苏特内罗娃的感情，设立了诺贝尔和平奖，贝·冯·苏特内罗娃也是第一位获得此奖项的女性（1905年）。另外，年轻的卡夫卡也曾在金斯基宫后面的学校里上过学。

曾被二战炮火损坏的老城市政厅

1945年5月，布拉格人民发动反纳粹占领的起义，5月8日即二战结束的前一天，纳粹军队进行垂死挣扎，从坦克上开炮攻打市政厅，打坏了它的尖塔、礼拜堂和天文钟(部分)，随后焚毁了其新哥特式建筑物的东翼和北翼。

市政厅的历史可追溯到1338年，当时的国王准许市民将原来的会议厅改建为市政厅。塔楼建造时间晚一些，高约70米，可登高望远。现在市政厅的大

老城广场建筑细节图 (图/张克平)

天文钟 (图/张克平)

会议厅里悬挂着两幅出自名家之手的巨幅油画《扬·胡斯在康斯坦茨会议上》和《波杰布拉迪的易瑞当选为捷克国王》。1989年"十一月事件"后，过去受压抑的宗教势力抬头，举行宗教婚礼的青年男女明显增多，不过还是经常有新人在市政厅举行婚礼，热闹非凡。

市政厅塔楼上最引人瞩目的是天文钟，每到正点时，只要客观条件允许，总是有大批游客驻足围观，等待钟声响起。天文钟制造于1490年，后来又经过改进，工艺精湛，精美绝伦。天文钟由三部分组成，上部是圣徒亮相，耶稣的12门徒每个钟头在两个小窗里出现，等他们走完，他们头上小窗里的公鸡就拍翅啼叫，接着响起报时的钟声；中部为天穹，显示日、月运行和每天的时间，前者基于地心说；下部为日历(月历)，中心

天文钟细节图：星盘和圣徒像

"一分钟"楼房外墙
（图/视觉中国）

是老城城徽,外面由内向外三个圈分别为黄道带、乡村一年12个月的生活场景(约·马奈斯作于1866年油画的复制品)和一年365天。天文钟的中、下部两侧还有一些有趣的雕像:代表死亡的骷髅一手拉钟绳,一手提沙漏,届时敲响丧钟,倒转沙漏。此外,还有摇头表示不停止战斗的土耳其人,吝啬鬼,爱打扮者,手执宝剑、权杖和盾牌的安琪儿等。相传为防止出现同样的天文钟,当时的国王派人将天文钟设计者的双眼刺瞎了,而后者临死前趁机进入钟里,故意随手一挥,使钟停走一个多世纪。

以雕刻壁画美化外墙闻名的"一分钟"楼房。市政厅左侧有一座建于1610年的文艺复兴式楼房,名为"一分钟"。这座5层楼房曾做过白狮药房,所以墙角有18世纪的狮子雕像。房子的外墙,从第二层到第四层,布满17世纪初讲述古代故事和圣经故事的壁画。不过,这并非传统壁画,它不是画出来的,而是刮

或刻出来的。在捷克,外部如此装修的建筑物很多见,叫"灰泥刮(刻)画",因此有加以说明的必要。其做法如下:在墙面刷上某种颜色的涂料,待涂料干后再刷上另一种颜色的涂料,干后按所需呈现的图画、图案,刮掉或刻去外层涂料,露出里层涂料即可。涂料不限两层,可以是多层。这般刮或刻出来的画巧夺天工,平面的"雕刻(灰泥)墙饰"图案富有立体感。

Tips

布拉格广场到底有没有许愿池

歌曲《布拉格广场》曾经在华语乐坛红极一时,歌中唱道"我就站在布拉格黄昏的广场,在许愿池投下了希望",让布拉格广场进入年轻人的视野。其实,歌词把罗马的许愿池(特莱维喷泉)"挪移"到了布拉格广场,受到歌词影响的游客,去老城广场上找许愿池,会失望而归。

不过,布拉格广场胡斯雕像基座前的许愿墙,确实是恋人们寄托美好愿望之地,基座上贴满"许愿条",成为老城区一景。2014年,布拉格市政府对胡斯雕像进行维修,基座上的爱的纸条都被清洗了,之后又加设了围栏,从此再无许愿墙了。

老城区的代表性建筑

老城区的标志性建筑狄恩教堂

狄恩教堂12世纪时为罗马式，1365年起的100多年内逐渐改为哥特式。优美的双塔高80米，建于15世纪下半叶至16世纪初。其间及后来，教堂不止一次遭遇战乱和火灾，内部修葺后变为巴洛克风格，北塔1835年恢复哥特式原貌。教堂拥有诸多珍贵的宗教文物，在胡斯运动中成为圣杯派的主要教堂。胡斯派国王波杰布拉迪的易瑞（1458—1471年在位）在双塔之间山墙的壁龛里放了一个用金箔覆盖的石头圣杯，以显示胡斯派的信仰。1620年白山之役后，天主教获胜，圣杯为镀金的圣母玛利亚像所取

老城广场狄恩教堂（图／张克平）

代，圣杯被熔作王冠和权杖了。

老城广场北面的雅库布教堂和米库拉什教堂也值得一看，前者为巴洛克风格，有21个祭坛，装饰华丽，音响效果好，经常在这里举行教堂音乐会。

Tips

狄恩教堂与天文学家第谷·布拉赫

第谷·布拉赫是丹麦的天文学家和占星学家，他在赫维恩岛创立的天文台赫赫有名。1598年，在鲁道夫二世的邀请下来到布拉格，创立了类似的天文中心。布拉赫逝世后葬于狄恩教堂墓地。

中欧最古老的大学查理大学

查理大学由查理四世创办于1348年，下设文学院、神学院、医学院和法学院。扬·胡斯曾任该校校长，在他被处以火刑后，该校成为胡斯运动的中心之一。白山之役后，被交给耶稣会。1882年分成捷克大学和德国大学，1939年11月17日前者被纳粹德国占领当局关闭，二战后重

查理大学

新办学，后者被撤销。如今查理大学的院系设置有自然科学系、数学物理系、体育运动系、教育系和社会科学系等。校本部设在卡罗林宫，原本是哥特式风格，1718年改建为巴洛克式建筑，后又基本恢复成原来的风貌。位于二三层的大厅建于17世纪，是举行毕业典礼的场所。

据不完全统计，我国自1953年以来选派了200多人赴捷学习深造，其中不少人就读于查理大学，学成归国后成为各条战线的有用人才。

富于装饰性新艺术风格的市公共大厦

市公共大厦建于1906—1911年，是布拉格的文化社交中心，也是布拉格交响乐团的所在地。1380—1547年，这里曾经是捷克王宫的旧址，曾被称为

市公共大厦（图/视觉中国）

"国王的天庭"。1918年，捷克斯洛伐克共和国在此宣告成立。大厦内有音乐厅、咖啡馆、饭店、酒馆、舞厅和展馆等，共有1200多个房间，其中最大的当数斯美塔那厅，能够容纳1200名观众，是"布拉格之春"交响音乐会和管风琴演奏会的举办地。各大厅装饰中有约·瓦·米斯尔贝克和米·阿列什等名家的雕塑与绘画作品。

市公共大厦内景（图/视觉中国）

布拉格的第一家剧院
狄尔剧院

狄尔剧院建于1781—1783年，最初的演出用德语和意大利语演唱。1787年

10月29日，该剧院举行奥地利作曲家莫扎特为布拉格创作的歌剧《唐璜》的首演，曲作者亲自指挥，获得巨大成功。此前，剧院还演出了他的另一部歌剧《费加罗的婚礼》。1834年剧院首演捷克剧

狄尔剧院（图/视觉中国）

作家约·卡·狄尔 (1808—1856) 的四幕喜剧《锥子节》，其中的插曲《我的家在哪儿？》后来成为捷克国歌。那是一首捷克的颂歌，曾被奥地利政府禁唱，第一段歌词为："我的家在哪儿？溪水潺潺流过牧场，松风飒飒响起在山崖。这是人间乐园，园里开满鲜花。锦绣山河，天然图画，捷克的大地我的家"（有多种不同译法，暂用此版本。）

第二次世界大战后，剧院曾以狄尔的名字命名，现为民族剧院的第二舞台，该剧院几乎保留了自己的原貌，举办各种戏剧和歌剧的演出。剧院带有转盘的舞台宽度和深度达到18米，两个最重要的包厢分别为皇帝包厢和总统包厢。皇帝包厢位于舞台的正对面，总统包厢在舞台的右边，总统包厢是不售票的，永久为总统及其客人保留。剧院还有两个休息室，分别以莫扎特和修建者命名。

收藏中国文物的
纳普尔斯特克博物馆

建于1862年的纳普尔斯特克博物馆，原为私人图书馆和博物馆，现为亚非美文化博物馆，是民族博物馆的考古学和民族学分部，主要收集当地民间、土著居民的文物，雕塑和面具尤多。博物馆分成中东与埃及、非洲、北美、拉美、澳大利亚与太平洋地区、亚洲（包括中国）等六个部分。亚洲文化博物馆设在

纳普尔斯特克博物馆藏品

布拉格以北30多公里的利别霍夫庄园。据参观过该馆的我国驻捷使馆文化参赞说，该馆收藏的中国文物多达5万件。笔者一直希望能前往参观，最终未能如愿。兹布拉斯拉夫庄园长年有亚洲艺术展，展出中、日、印等国家和伊斯兰文化的艺术品。

面积仅次于布拉格城堡的
克列门特建筑群

克列门特建筑群原本是耶稣会宿舍，建于1653—1723年，后来在此地建学校、图书馆、剧院和印刷厂，白山之役后把查理大学也包括进去，陆续又设星象馆、美术学校和教堂等，不少名建筑

克列门特建筑群是著名的图书馆区

师、雕塑家和画家留下了杰作。如今这里成为庞大的图书馆区,包括以捷克、(查理)大学、民族、斯拉夫和技术等为主题的图书馆,各有侧重。其中,民族

图书馆前身是玛·特蕾西娅女皇创办于1777年的奥地利帝国大学图书馆,其豪华程度可想而知。另有纪念大学生捍卫布拉格、抗击瑞典军队的雕像。

克列门特建筑群外观(图/视觉中国)

斯美塔那是捷克民族音乐的奠基者之一。

音乐之城，名实相符

伏尔塔瓦河畔的斯美塔那博物馆

贝·斯美塔那(1824—1884)与德沃夏克同为捷克民族音乐的奠基者。斯美塔那少时学钢琴和小提琴，1848年爆发欧洲革命时创作《国民近卫军进行曲》等并创办布拉格音乐学校。1856年赴瑞典，担任哥德堡交响乐团指挥，1861年返回布拉格，投入民族歌剧的创作。他晚年双耳失聪，仍创作不辍，代表作有《丽卜雪》《被出卖的新嫁娘》等8部歌剧和交响诗套曲《我的祖国》等。他的作品富于人民性，充满对乡土的热爱和爱国激情。《丽卜雪》通过主人公之口，预言布拉格的荣耀可及星辰；《我的祖国》分成《维舍堡》《伏尔塔瓦河》《莎尔卡》《捷克的田野和森林》《塔博尔》和《布兰尼克》等六个乐章，是对捷克光荣历史和锦绣河山的颂歌。我国听众对《我的祖国》情有独钟，格外喜爱。

斯美塔那博物馆位于延伸到伏尔塔瓦河的一条栈桥处。这里原来是老城水厂，1928年改为博物馆，1936年对外开放，正面为民族复兴风格，以雕刻壁画"在查理桥上与瑞典人搏斗"作装饰。博物馆分生长环境、学习音乐理论、在革命的1848年、国外任教和音乐创作等几个部分介绍斯翁的生活和创作，展出其手稿、当年的画作和图片、来往信件、日记和接受的众多外国礼品等，游客参观时有悦耳的音乐相伴。

驰名世界的"布拉格之春"国际音乐节

1950年新城区有家洛可可剧院以斯美塔那的名字命名，是民族剧院的又一舞台，主要演出歌剧和芭蕾舞剧。每年在斯翁的家乡，都举行斯美塔那国际歌剧节，容后再叙。此外，这里的河沿，是隔河远眺布拉格城堡全景的最佳去处，也希望不要错过。

斯美塔那

李斯特、柏辽兹和格里格等都曾来访。1876—1884年兴建鲁道夫宫——艺术家之家，与民族剧院和民族博物馆并列为布拉格三大新文艺复兴式建筑。它既是音乐厅，又是画廊，厅前和屋顶树有德沃夏克等众多作曲家和艺术家的雕像，随后成为捷克交响乐团的驻地。该团1896年由德沃夏克指挥在此举行了首场音乐会，一次世界大战后开始蜚声欧洲乐坛。

驰名世界的"布拉格之春"国际音乐节

布拉格堪称音乐之城，1811年就创办了中欧第一家音乐学院，音乐人才辈出，外国名家如莫扎特、贝多芬、韦伯、瓦格纳、帕格尼尼、肖邦、柴科夫斯基、

自1946年5月12日（斯美塔那逝世62周年纪念日）以来，每年一到丁香花怒放之时，以演奏古典音乐为特色的"布拉格之春"国际音乐节，就在这里开幕。音乐节以斯美塔那的交响诗

鲁道夫宫，"布拉格之春"的主要主办地之一（图/视觉中国）

看点 布拉格的犹太区曾是欧洲最大的犹太区之一。
See the world with a diplomat

62

we all live on the same planet

套曲《我的祖国》开始，持续3周以上，举行大约60场音乐会和戏剧演出，世界各国的名家、新秀云集于此，大显身手，最后以贝多芬的第九交响曲作为结束。音乐节特别重视对新人的培养，每年都举行各种音乐项目、不同器乐演奏的比赛。我国自费到维也纳音乐学院深造的青年音乐人王进，1990年曾在这里指挥捷克交响乐团演奏德沃夏克的《来自新大陆》交响曲和莫扎特的《布拉格交响曲》等，因才华出众、富于创造性、个性和想象力，而荣获青年指挥比赛第二名（第一名和第三名均空缺）。

欧洲保存最完好的犹太区

布拉格的犹太区建于1100年前后，随后很快发展为欧洲最大的犹太区之一。不过，犹太人的命运并不令人羡慕。1541年，犹太人被驱逐出捷克。后来，一些国王实行宽容政策，犹太人得以重返捷克，逐步走向兴旺发达，拥有众多知名的科学家和金融家。可是，犹太区又不准扩大，人口增多形成拥挤不堪的局面，19世纪犹太人纷纷迁走。二战期间他们更遭到灭顶之灾，布拉格的近4万名犹太人，九成倒在纳粹的屠刀之下。

布拉格犹太区是老城区的一部分，在不大的范围内，共计有17座犹太会堂，

犹太区市政厅

斯坦诺犹太教堂

一座犹太区市政厅，还有犹太墓地。

欧洲现存最古老的新旧会堂

新旧会堂建于1270年前后，为早期哥特式建筑。新旧会堂里曾挂有表彰犹太人在1648年瑞典军队占领布拉格期间英勇表现的巨大条幅。前身为平卡斯会堂，建于11世纪，目前只余部分罗马式地基，1535年改为晚期哥特式风格，1625年又改为晚期文艺复兴式风格。

1950—1958年在此修建了二战死难者纪念碑，墙上刻有捷克和摩拉维亚被纳粹杀害的77297个犹太人的名字。此外，有趣的是，因为希伯来语从右往左写，因此犹太区市政厅钟楼上的钟也按从右往左的逆时针方向走。

欧洲最大、最古老的犹太墓地

布拉格的犹太墓地建于15世纪上半叶，止于1787年（国王禁止在人口密集

新旧会堂

地区安葬逝者）。多数只有墓碑，而没有墓，墓碑重重叠叠，最多达12层，总共有12000多块石刻墓碑，包括哥特式、文艺复兴式和巴洛克式。墓碑上不仅刻有姓名、生卒日期，而且还刻有诗文、家族标志、动植物和人物等。这是欧洲最大的犹太墓地。

犹太墓地及相关建筑（图/视觉中国）

收藏居世界前列的
布拉格犹太博物馆

犹太博物馆成立于1906年，收藏品约4万件，书籍10万册。许多收藏品是纳粹分子为建立所谓的灭绝人种博物馆，自1942年起，从捷克和摩拉维亚153个犹太教区搜集来的。犹太会堂也展出与犹太历史、传统、习俗相关的文物，以及来自中欧的金银锡器和手工织绣的纺织品等。

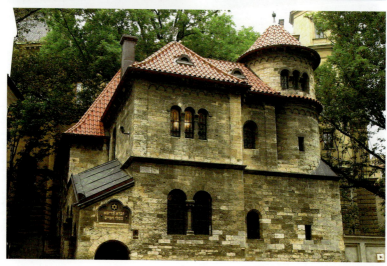

现代大都会布拉格的新城区

布拉格新城区建于1348年,面积约350公顷,比老城区、小城区和城堡区加在一起还得多。那一年,查理四世刚在老城区创办了大学,可四周手工业作坊的噪音使学子们难以安静求学,于是他便下令建新城区。这里的文物古迹较少,居住的绝大多数是捷克平民百姓。在胡斯运动中,他们思想比较激进,既发起革命,又长期坚持。到19世纪,这里盖起了商厦等,其地位就无人可取代了。

布拉格商业、文化
和社会活动中心

查理四世1368年在瓦茨拉夫广场设立马市,现为步行街,东西长750米,宽60米。广场上部矗立着圣瓦茨拉夫的骑

马雕像,其四周为捷克的四位保护神的雕像,雕塑家约·瓦·米斯尔贝克于1912—1913年所作。广场中间矗立着为抗议苏军占领而在这里自焚的大学生扬·帕拉赫的纪念碑。不言而喻,这里也是民众举行集会或游行示威的首选场所。笔者20世纪70年代初的一天晚上,曾意外地在此碰上捷克球迷欢庆本国冰球队打败苏联队的极其热烈的场面。他们一时无法改变国家被占领的状况,可是又不甘心,于是,就利用捷苏两国举行体育比赛的机会,发泄自己的反占领情绪。他们在比赛现场一会儿呼喊"揍他们,揍他们!"一会儿又唱起反占领歌曲:"伊凡,滚回去,娜塔莎等着你……"赛后,他们又立即从冰球馆赶到瓦茨拉夫广场,与其他民众聚在一起。一个声音问道:"谁

瓦茨拉夫广场骑士塑像 (图/视觉中国)

瓦茨拉夫广场是布拉格最繁华的地方。

是冠军?"接着万众一声、地动山摇地答道:"我们!"如此反复不止一次,最后以"俄国佬滚回去!"作结。

这是布拉格最繁华之处,街道两侧商店、宾馆、饭店鳞次栉比,电影院、咖啡馆、酒吧、夜总会比比皆是,即使平时这里也人流如潮,人们下班之后喜欢来此逛街、购物和娱乐。

瓦茨拉夫广场南侧的卢采尔纳宫建于1906—1917年,原是前总统哈维尔家族的大型商业娱乐企业(哈维尔家族

还开过建筑公司、开办过电影制片厂及兴建住宅区等),内有商店、电影院、剧院、快餐厅和社交大厅等,捷共当政时被收归国有,1989年后物归原主。

卢采尔纳宫又被称为灯笼宫,是布拉格第一座大多使用混凝土建筑立面的建筑,也有布拉格第一个玻璃楼顶走廊。卢采尔纳宫里还有一个雕塑,是对圣瓦茨拉夫骑马雕像的解构,马头向下悬挂在大厅中,表达了捷克人对自己历史敢于自嘲的态度。

布拉格的繁华街景 (图/视觉中国)

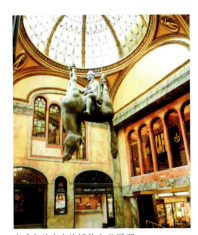

卢采尔纳宫内的解构主义雕塑

Tips

布拉格走廊

　　布拉格历史中心有很多走廊,因为中世纪的楼房往往结构庞大,所以市民想要从一条路走到另外条路要花太长时间,相当麻烦。在楼宇之间设立通道,便捷许多。

　　走廊的建筑风格也反映了建筑时代的特点,例如新艺术风格的大使饭店走廊,圆形立体装饰风格的亚得里亚宫走廊,建构主义风格的凤凰宫殿走廊,功能主义风格的黑玫瑰花走廊等。瓦茨拉夫广场上的不少走廊连接在一起,最大的走廊迷宫就是洛可可、卢采尔纳和诺瓦克走廊的复合体。迈索伯克走廊是布拉格20世纪末最重要的新建构主义风格走廊。

民族博物馆和民族剧院

新文艺复兴式建筑巅峰之作的民族博物馆

民族博物馆收藏展品1300万件以上，为捷克最大的博物馆。博物馆成立于1818年，1885—1890年建于瓦茨拉夫广场的上端，由约·舒尔茨设计，建筑立面宽度超过100米，雄伟壮观，装饰华丽。分为自然、历史、纳普尔斯特克（即亚非美文化）、体育运动和捷克音乐等5

民族博物馆外景及主台阶大厅

个主题博物馆。自然博物馆有矿物、岩石、古生物、植物(在馆外)、昆虫、动物、人类和实验室等9部分。历史博物馆分为史前、历史及考古、钱币、戏剧、音乐和民族等6部分,后两者设在馆外。此外,博物馆还有一座图书馆,收藏图书超过140万册,以及珍贵的超过9000份的中世纪手稿。顺便一提,博物馆左侧为钢筋玻璃结构的前捷克斯洛伐克联邦议会大厦。

民众集资兴建的民族剧院

18世纪处于哈布斯堡王朝统治"黑暗时期"的捷克民众没有自己的剧院。18世纪末捷克爱国志士掀起民族复兴运动之后,直至1850年筹建民族剧院的问题终于提上日程。他们以"献给民族"为口号,发动大家募捐。民众早就盼望能看上用捷克语而不是用德语演唱的剧目,于是捷克人踊跃捐献,慷慨解囊,不少人倾其所有,有的老太太捐出全部珠宝首饰。

在这种热忱鼓舞下筹足了剧院所需资金,于1868年5月16日破土动工,

1881年6月15日竣工启用。不料,犹如捷克民族命运多舛一样,新建的剧院尚未正式开放,8月12日就在一场大火中化为灰烬。13年的心血转瞬之间付诸东流,当然令人感到痛心。不过,广大民众并不气馁,他们决心尽快重建。于是,重建战斗打响了,不到两周就筹集到所需资金。设计师、艺术家和工匠们忘我劳动,不分昼夜,不计报酬。曾在胡斯运动中威震全欧的捷克人民,这回又创造了奇迹:仅费时两年,就让剧院在原址上重新矗立起来。

这座新文艺复兴式的民族剧院,是捷克当时最漂亮的建筑、是捷克人民争

民族剧院

看点　民族剧院本身也是艺术品。
See the world with a diplomat

70

we all live on the same planet

取民族独立和自由斗争的象征。其建筑师起初是约·齐特克，后来是约·舒尔茨，而且几乎当时所有杰出的艺术家都参与了剧院的装饰工作。

　　剧院屹立在伏尔塔瓦河畔，气势磅礴，金碧辉煌，它本身就是一座艺术宝库：顶部为方形，金光闪闪（室内饰物也镀金，百年大修时用去2吨多黄金）；其左前方有驾着三匹骏马飞驰的胜利女神像，正面和两侧有众多雕像，大堂里有音乐女神像和捷克许多重要音乐家及戏剧家的半身雕像；绘画作品有观众席天花板上的艺术女神壁画、阿列什以祖国为主题的组画等。剧院重新开张之日，再次演出斯美塔那专门为其创作的歌剧《丽卜雪》，盛况空前，令时已双耳失聪的斯氏老泪纵横。

　　民族剧院有话剧、歌剧和芭蕾舞剧等三个剧团，狄尔剧院和斯美塔那剧院也属于民族剧院。笔者有幸去剧院观看过德国戏剧家布莱希特的话剧《四川好人》和捷克作曲家扬纳切克的童话剧《机灵的狐狸》，两部戏都很精彩。前者赞颂四川的两位女子，最初她们俩拼全力争夺一个孩子，后来非亲生母亲出于对孩子的爱，把他交还给生母，真切动人。

活力四射的新城区

布拉格"首次掷出窗外事件"
——胡斯运动之始

布拉格"首次掷出窗外事件"发生于1419年，地点是新城区市政厅，它坐落在布拉格查理广场（长530米，宽150米，原为牛市）的北端，始建于1367年，为哥特式建筑，后经多次改建和扩建。1784年布拉格四个城区合并之前，它曾与老城区市政厅竞争谁为老大。

15世纪初，捷克社会陷入深重危机，罗马教皇兜售"赎罪券"，引起捷克民众的普遍不满。1415年7月6日，反对天主教会腐败、力主改革的捷克宗教改革家扬·胡斯，竟然被当作异端处以火刑，更引起捷克民众的强烈不满。胡斯派神甫扬·热利夫斯基把布拉格最贫穷的平民百姓团结在自己周围，在距此不远的冰雪圣母玛利亚教堂（1347年由查理四世兴建，哥特式建筑，拱门为文艺复兴式）的布道中，继续抨击教会为非作歹，

冰雪圣母玛利亚教堂

反对封建主和城市富人。1419年7月30日，神甫扬·热利夫斯基手执武器，将激进信徒带到新城区市政厅，要求释放胡斯派人士。他们的要求不但没有得到满足，反而受到嘲讽，被市政官员激怒的胡斯派教徒，便把3名天主教代表抛出

新城区市政厅内景

胡斯派神甫在新城区的冰雪圣母玛利亚教堂布道。

市政厅窗外。此事以布拉格"首次掷出窗外事件"载入史册，引发了长达10多年的捷克抗击欧洲十字军的胡斯战争，彻底改变了当时欧洲的局势，为马丁·路德的宗教改革奠定了基础。直到1422年被杀害之前，热利夫斯基神甫一直在冰雪圣母玛利亚教堂传道。在查理广场，立有他的纪念碑，供人瞻仰，广场上也有许多其他捷克名人雕像。

圣西里尔与梅托杰伊教堂的悲壮事件

圣西里尔与梅托杰伊教堂建于1730—1736年，出自名家之手。圣西里尔与梅托杰伊都是希腊萨洛尼卡人，当时希腊属于拜占庭帝国，他们是僧侣，应捷克王公拉斯季斯拉夫邀请和受拜占庭皇帝委派，作为基督教的使者，于863年出使大摩拉维亚帝国，帮助捷克人创造斯拉夫文字和制定宗教仪式，历来受捷克人尊崇，被视为圣徒。

教堂属于东正教教会，在此发生过一场悲壮剧烈的生死搏斗。1941年6月纳粹德国对苏联发动闪击战之后，捷克国内的抵抗运动有较大发展。为加强对捷克抵抗运动的镇压，希特勒于1941年9月任命纳粹党卫队第二号人物、德国安全总局头目莱·海德里希为驻捷克和摩拉维亚保护国代总督，海德里希到捷克后凶相毕露，立即宣布实施为期近4个月的戒严。1939年3月被德国占领后流亡伦敦

的捷克政府，派伞兵于1942年5月刺杀海德里希一举成功。事后，参与暗杀及准备工作的7名伞兵，隐藏在圣西里尔与梅托杰伊教堂的地下室里。德国占领当局发现后，于6月17日和18日组织400多党卫军队围攻教堂，使用火焰喷射器等，还用烟熏、往地下室放水等手段进攻。捷克伞兵英勇抵抗，打死14个敌人，打伤21人，最后子弹打光，全部牺牲。党卫军把他们曝尸街头，杀害其亲属和教堂的神职人员，并对捷克人民进行残酷的报复。

历史最终给了这7位伞兵应得的尊敬，他们被追授军功勋章，有的还获得捷克20世纪90年代初多瑙河改道大型水利工程的冠名的荣誉。总之，人们牢记他们的名字。现地下室有关于这一悲壮历史事件的小型展览。

小巧玲珑的德沃夏克博物馆

德沃夏克博物馆的建筑物建于1712—1720年，出自名建筑师之手。原本是座小巧玲珑的别墅，花园里花木扶疏，绿草如茵，内有壁画，配有布劳恩的雕塑和小舞台，被看作最漂亮的世俗巴洛克式建筑之一，现为德沃夏克博物馆。

安·德沃夏克（1841—1904）与斯美塔那同为捷克民族音乐的奠基者。他出生于旅店主和屠宰商家庭，肄业于布拉格管风琴学校（布拉格音乐学院前身），后在国家乐队中任中提琴师，20岁开始创作，多次访问英国，并去俄、德、法等国

捷克作曲家德沃夏克的《来自新大陆》伴随着宇航员登上过月球。

73

德沃夏克雕像

演出自己的作品。德沃夏克曾先后任布拉格音乐学院的教授和院长,1892—1895年任纽约音乐学院院长和作曲教授。他从摩拉维亚民歌和斯拉夫民族歌曲中汲取营养,旅美期间对黑人和印第安人的民间音乐也颇感兴趣。

德沃夏克创作了9部交响曲,其中最著名的是《来自新大陆》,创作的10部歌剧中首推《水仙女》,此外还有室内乐作品、清唱剧、康塔塔、歌曲、钢琴曲和交响诗等。《来自新大陆》伴随美国宇航员阿姆斯特朗登上月球。他的作品尤为中国音乐家和听众所喜爱,《来自新

大陆》是我国国家乐团的保留节目,其主题曲经填词后,成为我国海外游子抒发无尽乡情的思乡曲。《水仙女》的抒情女高音唱段《月亮颂》,被编入我国最高音乐学府的练唱教材。亲切感人的《母亲教我的歌》和轻快活泼的《诙谐曲》等,也在我国广为流传。

德沃夏克博物馆展出的手稿、图片、文献和实物等向观众介绍这位音乐大师的生平和创作,游客参观时美妙的音乐不绝于耳,这里还经常举办大师作品的演奏会。

小巧玲珑的德沃夏克博物馆

充满神秘感的维舍堡

维舍堡位于新城区的南部，伏尔塔瓦河右岸的悬崖上，是捷克历史上最值得纪念的地方之一。早在10世纪，这里的岩石上就建立了城堡，最初的目的是保护布拉格的西南部。相传这是捷克最初几个公国和几位普热米斯尔王朝大公的所在地。不过，根据新的考古研究，现在普遍认为，维舍堡比布拉格城堡年轻一些。不过可以肯定的是，它在捷克历史上占有重要地位，有的大公、国王曾把王宫从布拉格城堡搬到这里，查理四世在此建了新的城墙。15世纪上半叶，由于维舍堡的守军在胡斯战争中支持神圣罗马帝国皇帝西克蒙德率领的欧洲十字军攻打布拉格，其建筑几乎被毁殆尽，目前的建筑大多重建于18世纪。

预言光荣将属于布拉格的女大公丽卜雪

相传，捷克人在切赫之后，又有一位首领克罗克，他修建了维舍堡，他的小女儿丽卜雪既漂亮又能干，后来当选为女大公。她善于理政，判决公正。有一回，两个部族长老为土地问题发生激烈争执。丽卜雪在征得各首领的同意后，将土地判给年轻的长老。年老的长老不服，暴跳如雷："女人头发长，智慧短……我们宁死也不能容忍女人的统治！"蒙受羞辱的女大公表示："让各部族开会来选举首领吧。选了谁，我就让谁当我的丈夫。"随后，她请一位名叫普热米斯尔的耕者当大公，后者制定法规，使头脑发热者变得规规

维舍堡

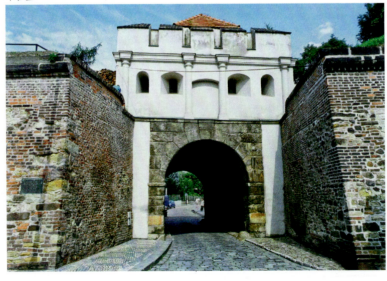

矩矩。据说丽卜雪还善于预见未来，预卜吉凶："布拉格将获得光荣和声誉，闻名于全世界。"她又表示，捷克虽避免不了贫困和战乱等，但它最终会重新赢得荣光。这是捷克民间艺人和作家共同编成的优美动人的传说，给人以巨大鼓舞。斯美塔那充满爱国激情的歌剧《丽卜雪》，讲的就是这个故事，它在纳粹德国占领期间被禁演，捷克人就改演斯美塔那的另一部歌剧《达利博尔》。二战后每逢捷克国庆，歌剧《丽卜雪》是非演不可的保留节目。

丽卜雪画像

丽卜雪、"姑娘战争"的群雕

昔日维舍堡王宫已荡然无存，如今这里是个花园，矗立着雕塑家米斯尔贝克（1848—1922）关于丽卜雪和"姑娘战争"等主题的4座大型群雕，它们是从横跨伏尔塔瓦河的一座桥上挪到这里来的。米斯尔贝克是捷克19世纪的名雕塑家，其雕塑作品在布拉格随处可见，比如瓦茨拉夫广场的圣瓦茨拉夫像、民族剧院的音乐女神像、小城区佩特林花园的浪漫诗人马哈雕像等。他在这里的4座大型群雕，内容丰富有趣，技艺超群，令人叹服。

丽卜雪雕像

雕像"姑娘战争"说的是丽卜雪去世之后，有男人讥讽其侍从和宫女成了"离群的小绵羊"，后者遂起意报复，她们发动姑娘们向男人宣战，试图恢复由女人管理国家的局面。姑娘们狠狠地打击敌人，还频施美人计，利用对方内部的女伴传递情报等，曾把对方打得落花流水。不过，男子汉们还是赢得了最后的胜利，姑娘们不得不俯首认输。

名人墓地

民族精英的长眠之地
——名人墓

维舍堡里有布拉格最重要的公墓名人墓。早在中世纪这里就有过小坟场，1866年扩大改建为民族公墓。现在大约有200位对捷克民族作出过重大贡献的学者、政治家、作家、音乐家、演员和艺术家等在此长眠，如作家聂姆佐娃、诗人扬·聂鲁达、作曲家斯美塔那和德沃夏克、画家阿列什与雕塑家米斯尔贝克等等。除墓碑和墓地本身都很讲究以外，不少还有逝者的肖像、雕像乃至纪念碑，墓园成为一座雕塑馆。当时著名的雕塑家和艺术家都参与过墓园的设计与装饰。

斯美塔那的墓地有高高的方柱形纪念碑，引人注目。德沃夏克的墓地则形同靠墙长廊的一个神龛，立着德沃夏克的半身像。名人墓里有一座45个人的公墓，可谓墓中墓，高大的墓碑上刻有逝者的名字，碑上还有大型雕塑。

捷克人喜欢到这里来，向这些载入民族文化史册的名人、他们心中崇拜的偶像，表达自己的敬意和缅怀之情。这里鲜花长年不断，长明灯永远不灭，气氛温馨，引人遐想。

维舍堡里的其他教堂

圣马丁教堂是布拉格最古老的建筑遗迹之一，最初建于11世纪下半叶，1878年重修，是典型的圆形罗马式建筑，曾在这里存放过火药。这里还有圣彼得与圣保罗教堂，原来是罗马式，查理四世将其改建为哥特式，1885—1887年又改建为新哥特式，醒目的双尖塔造型并不罕见，是19世纪布拉格的主流建筑风格。

在河旁悬崖上的城墙边，可眺望布拉格城堡、伏尔塔瓦河及河上游艇游弋而过，别有一番风味。在这里，似乎听得到斯美塔那的交响诗套曲《我的祖国》中的《伏尔塔瓦河》乐章以竖琴描绘的令人难忘的潺潺流水之声。

近年来每到夏天，维舍堡的一些地下室和通道就向公众开放，举办各种展览、音乐会和进行戏剧演出。

圣彼得与圣保罗教堂 (图/视觉中国)

看点 布拉格的中心火车站是新艺术风格的代表。

See the world with a diplomat

上两图：维舍堡的地下室和通道
下图：布拉格中心火车站

Tips

布拉格中心火车站

　　布拉格有很多颇具特色的车站建筑。位于新城区北部的中心火车站并不是最古老的，它修建于19世纪后期，用于连接当时的铁路线，包括布拉格–维也纳线路以及当时的布拉格火车站。新车站项目公开招标，众多有名望的设计师都积极参选，最终胜出者是约瑟夫·梵塔，他的设计在1901—1909年被实现，建成的中心火车站成为新艺术风格的代表。

　　火车站中央大厅的入口上方是巨大的半圆形窗户，门廊由新艺术风格的金属结构覆盖，门廊的两边各自矗立着塔楼，塔楼的玻璃圆屋顶在阳光下熠熠生辉。建筑的正面、塔楼和门廊大厅上都装饰着雕塑家的作品，室内也有雕塑和绘画作装饰。建筑对称的侧翼两边，设有餐厅、办公室、住宿和代理大厅，甚至有当时皇帝的休息室，后来成为总统休息室。

布拉格外城景点

日什卡的骑马雕像

常胜军事统帅
日什卡的骑马雕像

1929—1932年建于维特科夫山上的日什卡雕像，高长宽分别为9米、10米、5米，重16.5吨，矗立在高高的基座上，连同底座高达22米，威武壮观。雕像下部为捷克无名战士墓。雕像作者为著名的艺术大师博胡米尔·卡夫卡。

扬·日什卡（约1360—1424）是胡斯运动最著名的独眼战将。他出生于小贵族家庭，家境贫穷，曾为波兰国王效力，左眼在代表波兰同德国骑士团作战时受伤失明。日什卡曾在捷克王宫中当差，胡斯运动爆发后，他离开王宫，站到布拉格人民的一边，1420年在捷克南部

胡斯运动的中心塔博尔组织了一支野战部队。政治上，他有别于当地激进的穷人派以及保守派，捍卫市民和小贵族的利益，这有助于胡斯运动各派之间的平衡。1423年，他在捷克东部建立小塔博尔——骑士与市民联盟。

军事上，日什卡是个天才，善于以少胜多，面对数倍于己的国内外敌人——欧洲十字军和捷克贵族军队，他毫无惧色，敢于应战，其勇气足以惊天地、泣鬼神。在维特科夫等地，日什卡领导的胡斯运动战士，人数和装备都不如对方，却打了好几个胜仗。究其原因，在于他严于治军，制定了军事章程规范行动；他善于指挥，把战车连在一起，阻挡敌人骑兵的进攻；此外，还在实战中使用

轻骑兵和炮兵。晚年,作为胡斯运动最重要的政治家,其影响力足以维持各派之间的平衡。之所以把扬·日什卡的雕像设立在这里,就是为了纪念日什卡在这里打过胜仗。

青铜雕像背后的高大建筑为民族纪念馆,建于1928—1938年之间,安放着捷克一些政治家和作家的骨灰。笔者1959年底赴捷克,既在莫斯科红场看过斯大林遗体,又在布拉格见过捷克第一位工人总统哥特瓦尔德的遗体和欧洲最大的斯大林雕像(群雕,基座和雕像高均为15米,笔者曾画过速写),后来所有这些都化为乌有,历史沧桑变幻,令人不胜唏嘘。当然,人类总是不断在进步。

白山之役发生地

哈布斯堡王朝国王斐迪南一世于1534年在星形夏宫处建了猎场,曾经养过动物,后来变为公园。1555—1556年,在此地建了一座文艺复兴式的六角星形夏宫。1620年11月8日白山之役中,捷克贵族军队不堪一击,顷刻之间大败,捷克民族自此沦于哈布斯堡王朝暗无天日的统治之下:一方面是天主教的胜利者没收了新教徒贵族与天主教所谓的敌人的地产和资产,战后还处死了27位抗议哈布斯堡王朝统治的捷克贵族,强迫捷克人民必须信仰天主教,德语也变成了捷克的官方语言。这件关系到捷克民族生死存亡的大事,就发生在距公园不远的白山。

不过,有关此事的遗迹几已荡然无存,只有1920年在白山树立的一座小碑。然而,还是有为数众多的游客,非到此一游不可。白山之役被称为捷克历史上最悲苦的战争,一边是当时捷克国王新教徒弗里德里希·法尔兹——被称为冬天国王,另一边是天主教联盟与哈布斯堡皇帝斐迪南二世的军队,这场著名的战役其实只花了2个小时,最后的决战

星形夏宫

白山之役的主题画作

白山之役的纪念碑

就发生在星形夏宫公园的后墙前。

星形夏宫这座文艺复兴建筑的建筑师是哈布斯堡的大公斐迪南·蒂罗尔。夏宫的特色是内部美丽的水泥装饰和盛宴大堂,有欧洲最大的文艺复兴式马赛克地板。

在星形夏宫里,游客可参观白山之役的主题展览。这座建筑物自1951年起成为作家阿·伊拉塞克(以关于胡斯运动等主题的历史小说闻名于世,又是《捷克古老传说》一书的作者)和画家米·阿列什的博物馆,是捷克民族文学博物馆的一部分,还经常举行其他文化活动。

"人体火炬"帕拉赫的墓地

1969年1月16日,年仅21岁的布拉格查理大学学生扬·帕拉赫,为抗议苏军的占领,在市中心瓦茨拉夫广场自焚,1月19日身亡,被誉为"人体火炬"。1月25日举行葬礼,据报道全市约有一半人冒雨为其送行,变成一次声势浩大的反占领示威游行。他的遗体被安葬在布拉格的奥尔山公墓。自此一年到头,不论春夏秋冬,即使寒冬腊月,他的墓地周围,鲜花和点燃的蜡烛始终不断。每逢忌日和节日，更是鲜花如山，蜡烛满地。这成了捷克人民反占情绪的晴雨表，令当局如坐针毡，坐卧不安。

因此，1973年执政当局偷偷地将帕拉赫之墓迁往其位于拉贝河（德国境内称易北河）附近的故乡。出乎当局意料，令其不胜烦恼的是，不仅仍然不断有人到帕拉赫在奥尔山公墓的旧墓地去献花点烛，而且其故乡的新墓地也成为人们对帕拉赫表示敬意和对占领者表示不满的场所。我曾以此为题材撰文投给《人民日报》，该报编辑据此重起炉灶，写出《使占领者发抖的幽灵》为题的精彩文章。

帕拉赫墓于1990年迁回原址。无巧不成书，这里还安葬着大约150名为解放布拉格而牺牲的苏军战士，他们当年为他族的解放而捐躯，何等荣耀啊。可曾几何时，解放者竟变成了占领者，世事沧桑，变化何速？与此同时，布拉格的"红军广场"也易名为"帕拉赫广场"。

莫扎特的知音和布拉格莫扎特博物馆

沃·阿·莫扎特（1756—1791）是奥地利天才的作曲家，这位"音乐神童"6岁时随父亲和姐姐到德法英荷等国旅行演出，13岁三游意大利演出自己创作的歌剧，17岁起的8年间担任萨尔茨堡大主教的乐师。后因大主教阻挠其社交活动愤而辞职，成为欧洲历史上第一位公开摆脱宫廷束缚的音乐家。他移居维也纳后，在穷困潦倒的情况下，仍以惊人的毅力勤奋创作。其作品有歌剧《费加罗的婚礼》《唐璜》和《魔笛》等，莫扎特留给后人的作品600多首，包括交响曲、协奏曲、进行曲、舞曲、奏鸣曲等，还有歌剧、宗教歌曲等。他曾多次访问布拉格，常常住在捷克作曲家和歌唱家杜谢克夫妇的别墅里，那里既有花园，又有葡萄园。

莫扎特的知音杜谢克夫妇的家，现为布拉格莫扎特博物馆

布拉格莫扎特博物馆

1784年，杜谢克夫妇买了一个原本是葡萄园的别墅，莫扎特是他们的好朋友，1787和1791年两次来访，莫扎特在这清幽的葡萄园里，完成了著名的歌剧《唐璜》。20世纪50年代，捷克把莫扎特当年住过的别墅辟为博物馆，展出其个人物品、信件、乐谱手稿、弹过的钢琴甚至他的13根头发。莫扎特曾患肾病、天花和伤寒等，加上日夜颠倒、埋头创作，35岁便早逝了。他死后被葬在维也纳的穷人墓地，无处可寻，所以布拉格莫扎特博物馆收藏着的头发被视为无价之宝。

《费加罗的婚礼》因具有鲜明的反贵族倾向在维也纳多次遭到禁演，而在布拉格却受到观众热烈的欢迎，这使莫扎特甚为感动，他为布拉格知音奉献出另一部著名歌剧《唐璜》。这部歌剧反映贵族的荒淫生活，其创作最后在布拉格完成并在那里首演，作者亲自指挥，之后200多年来常演不衰。此外，莫扎特还把他在布拉格首演的第38交响曲命名为《布拉格交响曲》。

布拉格周边游

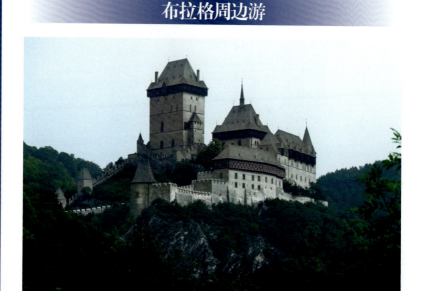

查理城堡（图/视觉中国）

修筑在悬崖峭壁上的查理城堡

查理城堡位于布拉格郊外28公里处，是捷克最漂亮的城堡。建于1348—1367年，在查理四世亲自过问下修筑而成。城堡修在319米高的石灰岩悬崖上，之所以如此险要，最初是为了保存神圣罗马帝国皇帝加冕典礼所用皇冠等珍宝、有关档案和圣徒的骨殖，之后也保存着捷克国王的加冕珍宝。查理四世有时会来此休闲。胡斯运动时，1422年城堡曾受炮兵的包围，不过帝国珍宝两年前就运走了，倒也无虞。1578—1597年城堡被改建为文艺复兴式。1648年遭到瑞典人的围攻，受到相当大的损坏。1888—1897年进行大修，试图恢复其原来的哥特式特点。自20世纪上半叶以来，城堡以其建筑的巍峨壮观和内部装潢的豪华珍贵招徕了大批游客，成为旅游胜地。

城堡由低而高，分布着外庭院和大门、城堡管理处和水井塔、皇宫和礼拜堂、大塔等部分，大部分围以近2米高的石墙。所谓水井，就是以长绳垂落水桶至崖下提水，其高度足以令人头晕目眩。装饰以大塔的圣十字礼拜堂最为漂亮：墙壁和天花板因镶嵌2451块宝石或半宝石而闪光发亮，室内以1300支蜡烛照明，墙上挂着128位圣徒的肖像，祭坛上存放着王冠等加冕珍宝，祭坛外加保护栏。

王子打猎场——斐迪南的偏安之所

科诺皮什杰，斐迪南大公的庄园

首先要说明的是，"王子打猎场"是中国人取的名字，曾经有位翻译陪同国内来的小组去参观，就是找不到，乘兴而来，败兴而归。它的捷克文名字叫科诺皮什杰，意为"苎麻地"，名字虽一般，却是捷克国内外闻名的地方，因为它是奥匈帝国皇储斐迪南大公(1863—1914)长年居住的庄园。庄园在1300年前后是捷克贵族的城堡，17世纪初又兴建文艺复兴式的宫殿，18世纪上半叶改建为庄园。

斐迪南大公1887年购得这座庄园，把它建成豪华的府邸，并建了玫瑰花园、面积达225公顷的公园和近3000公顷的森林猎场。他37岁才与捷克守寡的伯爵夫人成婚，因并非门当户对，奥匈帝国弗兰茨皇帝(也就是茜茜公主的丈夫)虽勉强同意婚事，却提出屈辱性条件：妻子、子女无继承权，不得参加宫廷典礼等。于是，他便舍近求远，来此(科诺皮什杰距维也纳300多公里，距布拉格42公里)长住。他收藏和打猎的两大爱好在这里发挥得淋漓尽致。

斐迪南大公身为奥匈帝国军事代表，1914年6月28日在萨拉热窝观看军事演习时，遇刺身亡，成为第一次世界大战的导火索。一战后，他的庄园充公。

这里有他收藏的丰富藏品：15—16世纪比赛用盔甲、多套珍贵步枪和各种剑，晚期哥特式雕塑、绘画、瓷器和两张

斐迪南大公的收藏品

利迪采及纪念雕塑 (右页图)

挂毯,与基督教骑士圣易瑞有关的雕塑、绘画和各种物品,鹿角、毛皮等猎获物和环球旅行带回的纪念品。凡此种种,不仅数量相当可观,而且往往是独一无二的。其中武器达4682件,是欧洲最丰富和最具特色的武器收藏之一,部分是继承来的。有猎物标本30万件左右,目前陈列约十分之一。笔者还曾经在布拉格技术博物馆见过他1914年6月往返布拉格和萨拉热窝之间所乘坐的豪华专列(归途已被刺身亡):车厢并不多,空间不大,然而所需双人床、澡盆、餐厅、会客室等应有尽有,相当精致。车厢墙壁用不同颜色和花纹的薄木片拼成各种图案,十分雅致悦目。

没被纳粹从地球上抹掉的利迪采

德国驻捷克和摩拉维亚保护国代总督海德里希1942年5月在布拉格遇刺后,德国占领当局对捷克人民进行疯狂的报复,一再制造骇人听闻的惨案。利迪采是布拉格以西25公里处的一个只有几百人的矿村,当时住在这里的主要是距此仅7公里的克拉德诺的矿工。6月9日,党卫军以该村掩护过刺杀行动的捷克伞兵为借口,叫嚣要让利迪采从地球上消失,把村子焚毁、夷平。6月10日凌晨,他们惨无人道地把该村192名男性村民包括个别男孩就地枪杀;把妇女押送到集中营,其中60名后来被折磨致死;把105名儿童弄去进行"德化教育",其中绝大多数最后又被押解到集中营,战后仅找到16人。二战后的1947—1959年就近重建利迪采村,每年6月10日都举行纪念活动。

利迪采设立惨案纪念馆,建国际和平友谊玫瑰花园,花园的玫瑰来自全世界,我国也赠送了品种珍贵的红玫瑰。利迪采成为捷克和全世界人民反对纳粹与法西斯斗争的象征。朱德副主席、彭德怀元帅等访捷时,曾来此参观。

熙熙攘攘的游人（图／张克平）

3

游遍捷克

除布拉格外,捷克列入世界遗产名录的十一个景点

时间凝固的捷克克鲁姆洛夫

捷克南部伏尔塔瓦河上游的一段蜿蜒曲折之处,有一座古老的中世纪小镇,时光仿佛一直为它停留。捷克克鲁姆洛夫城堡(现为庄园)13世纪上半叶建于伏尔塔瓦河东陡峭的悬崖上,后来历经不止一次改建,先后为鲁道夫二世皇帝和几大贵族家族包括施瓦岑伯格家族所有,就其规模而言仅次于布拉格城堡,也是欧洲最大的贵族庄园之一。

现在的城堡区包含40幢建筑物和以5座花园庭院为中心的外围建筑。庄园收藏各种壁毯、绘画作品和家具等,拥有独一无二的巴洛克式剧院以及保存完好的剧装、舞台布景和道具,剧院以拱桥与庄园相连。克鲁姆洛夫的市中心保存了文艺复兴式的市政厅、哥特式的圣维特教堂和巴洛克式的贵族花园等主要建筑,以及众多的哥特式和文艺复兴式房屋,为游客所青睐,中国游客常称之为CK小镇。

上图:彩绘塔细节 (图/视觉中国)

下图:克鲁姆洛夫 (图/视觉中国)

霍拉索维采

最难得的是，尽管时代前进了，经济发展了，甚至出现旅游热，它仍然保存着中世纪古城的风韵和魅力。这里每年都会举行各式各样的爵士乐、古典乐和室内乐音乐会，以及文艺复兴式的克鲁姆洛夫玫瑰花纪念会。

1992年克鲁姆洛夫被列入联合国教科文组织的世界遗产名录。克鲁姆洛夫的主要看点为彩绘塔等。

如梦如幻的古老村庄 霍拉索维采

霍拉索维采位于捷克南部，是19世纪早期和中期捷克村庄的典型代表。有关该村的记载最早见于1263年。村庄四周修有围墙，土地肥沃，鱼塘星罗棋布。村中心是一个宽阔的长方形广场，22座

民居成排环绕。大多数民居入口为拱形，墙壁山墙装饰古朴华丽，被称为乡村巴洛克式风格建筑。

勤劳的捷克农民世世代代平静而愉快地在这里劳动和生活，这正是许多住在现代大都市的人所向往的幽静而闲适的田园生活。

1998年霍拉索维采被列入联合国教科文组织的世界遗产名录。

库特纳－霍拉矿工保护神 圣巴巴拉教堂

库特纳－霍拉位于中捷克州，历史上曾经是仅次于布拉格的捷克第二大城市。它的繁荣得益于拥有丰富的银矿，13世纪末被发掘开采，并设造币厂铸造银币，成为捷克的银库，捷克国王因此

很快就成为中欧最富有的君主之一。这里曾发生过许多重大事件，如1422年扬·日什卡率领胡斯起义军在市郊打败西克蒙德皇帝兼国王组织的欧洲十字军，1471年波兰雅盖隆王朝的国王瓦·雅

众圣人墓地教堂及其地下白骨教堂

格隆斯基在此当选为捷克国王，1620年白山之役后该市反抗哈布斯堡王朝统治的市长也遭杀害。

这个城市历史积淀下的富裕和繁荣在市内随处可见：雄伟壮丽的矿工保护神圣巴巴拉教堂，几个世纪都用来铸造银币的王宫庭院造币厂，矿井，富丽的贵族府邸，市内广场华丽装饰的石雕喷泉等。

值得参观的还有位于城市近郊塞德莱茨独具特色的众圣人墓地教堂。教堂的地下有一个著名的白骨教堂，里面

的各种造型和装饰都是由人的头盖骨和骨骼拼制而成，最初的本意是为了提醒人们意识到世俗短暂，只能通过信仰追求精神上的永生。

中欧最著名的文艺复兴式建筑之一利托米什尔庄园

利托米什尔庄园位于帕尔杜比采州，建于1561—1581年，当时一位捷克大贵族请意大利建筑师为其西班牙夫人和他们的21个孩子建造了这座庄园，是文艺复兴晚期建筑风格的典型代表。建筑师是奥斯塔利和他的侄子，也是当时奥地利皇帝的建筑师。

庄园就像一件精致的艺术品，至今完整保存了16世纪艺术家和工匠们建造时的原貌。庄园上部中间有拱廊，外墙都采用黄色灰泥墙饰，虽然是一块块刻(刮)出的平面图案，视觉上却给人以立体之感。

庄园拥有建于1795年古色古香，富丽

利托米什尔庄园 (图/视觉中国)

利托米什尔庄园的画廊

利托米什尔庄园的剧院

堂皇的巴洛克式剧院，三面设有三层拱廊的庭院内拥有可容纳1300名观众的露天剧场、画廊和博物馆。

利托米什尔现在是一个仅有1万来人的城镇，历史上曾经人才荟萃，在捷克民族复兴运动中起了重要作用。这里是捷克民族音乐奠基者贝·斯美塔那和前捷克科学院院长兹·内耶德利

(1878—1962)等人的诞生地，著名历史小说家阿·伊拉塞克曾在此地的高中任教，捷克现代文学奠基者博·聂姆佐娃曾短期在这里生活过。

斯美塔那诞生在庄园对面的啤酒厂里，他父亲是啤酒厂的工人，如今那里有捷克音乐博物馆举办的关于斯美塔那的展览。每年六七月份，这里都举办斯美塔那国际歌剧节和包括清唱剧、室内乐、交响曲等的音乐会，甚至还有芭蕾舞演出，60多年来持续不断，令人肃然起敬。

利托米什尔庄园1999年被列入联合国教科文组织的世界遗产名录。

利托米什尔庄园博物馆收藏品

95

以漂亮广场吸引游客的特尔奇

　　特尔奇位于维索奇纳州，附近多鱼塘，这个只有数千人的小镇如今仍保存中世纪市镇的风貌。16世纪中叶，特尔奇领地的主人决定将中世纪的古堡改为现代舒适的庄园居所，他邀请了当时意大利北部的建筑师和工匠进行改建工程，之后，又对庄园附近的广场进行了相应的改造，所以明显吸收了当时佛罗伦萨和威尼斯文艺复兴建筑的灵感。

　　特尔奇镇中心广场据说是捷克乃至中欧最美的广场之一。广场为长方形，四周的楼房居住者之前多为商人现在是市民，文艺复兴式建筑一般都带有拱廊，颜色鲜艳，装饰富丽，令人感到目不暇接，美不胜收。广场上矗立着巴洛克式的玛利亚圣柱和16世纪风格的雕塑，广场正中还有两眼喷泉。

广场上的雕塑（图/视觉中国）

　　和其他中世纪城市一样，特尔奇当时的财富收入主要靠征收"一英里税"，也就是通过征收一英里税，对城堡附近一英里内的手工作坊、生产并销售食盐以及酿造和销售啤酒的商户进行垄断性保护，所以当时广场上几乎家家户户都酿造和出售啤酒。

特尔奇广场（图/视觉中国）

巴洛克教堂中融入了哥特式细节，独树一帜。

巴洛克教堂中的哥特式尖拱窗

1992年特尔奇被列入联合国教科文组织的世界遗产名录。

绿山五角星状的基督教教堂

维索奇纳州萨扎瓦河畔的日加尔城森林密布的山坡上，矗立着捷克最具特色的基督教教堂，建于1719—1722年的圣涅波姆茨基教堂，是欧洲巴洛克建筑史上值得大书特书一笔的璀璨明珠，也是18世纪初宗教信仰真实有趣的写照。

教堂形状独特，为五角星状，系华丽的巴洛克建筑，教堂的外部轮廓和内部装饰充满象征性意味。关于扬·涅波姆茨基的故事，笔者在介绍布拉格查理桥雕塑时已提到过，他作为牧师因拒绝向瓦茨拉夫四世国王透露王后忏悔的内容，1393年被盛怒的国王责令士兵将

其投入伏尔塔瓦河，相传当时上空曾出现五颗星星，后来扬·涅波姆茨基被尊为圣徒。所以教堂里多处的五星环状图形，强调和颂扬圣徒扬·涅波姆茨基宁死不屈坚守秘密的圣徒品质。

教堂看似不大，实际可容纳2000人左右。对建筑师布拉热·沙丁来说，这座教堂采用了哥特式建筑最典型的造型尖拱窗等，以烘托肃穆气氛。这个特色在当时巴洛克风格的其他建筑中几乎是看不到的。

奥洛莫乌茨的三位一体神柱 (图/视觉中国)

1994年教堂被列入联合国教科文组织的世界遗产名录。

上帝荣耀的象征：奥洛莫乌茨

用雕像装饰广场上的摩尔柱或者玛利亚柱是天主教主要表现形式之一。中世纪黑死病瘟疫蔓延，死者难以计数，几乎每个城市都在市中心广场树立瘟疫柱，以纪念死难者。其中，以奥洛莫乌茨市建于1716—1754年的巴洛克式三位一体柱为最著名，神柱高35米，巴洛克风格，其雕塑装饰之丰富令人咋舌。神柱背后为建于1378年的市政厅，塔楼上也有一座天文钟。

瓦茨拉夫·棱得是一位石匠、雕塑家，梦想着在自己的家乡奥洛莫乌茨建一个其他城市无法与其媲美的摩尔柱，于是他自筹资金，用毕生精力兴建此柱，临终前又献出全部财产，可惜他未能亲眼看到工程的竣工。20多年后的1754年，神柱建成举行揭幕典礼时，奥地利

奥洛莫乌茨的三位一体神柱细节

女皇玛·特雷西娅亲自赶来参加。

奥洛莫乌茨是摩拉维亚古城的文化和经济中心，有最重要也保存得最好的城市保留区，还是帕拉茨基大学(建于1573年)和大主教区(1777年起)所在地，名胜古迹众多，在历史的长河中，见证了很多重要时刻：普热米斯尔王朝的最后一位国王瓦茨拉夫三世在此遭到暗杀(1306年)；查理四世身为摩拉维亚侯爵时经常逗留，匈牙利国王被宣布为捷克国王(1469年)，奥地利皇帝斐迪南五世来此避难并退位；约瑟夫一世加冕为捷克国王(1848年)等。20世纪60年代初，笔者曾在该市帕拉茨基大学哲学系深造近两年，亲身感受到校方为我们创造的优越的学习生活条件和

捷克师生员工对我们的友好情谊，详见《友谊之花长妍》(载于2009年新华出版社的《在第二故乡的日子——留捷同学的回忆》)。

奥洛莫乌茨的保护区面积在捷克位居第二，每年举行国际花展。2000年被列入联合国教科文组织的世界遗产名录。

花园城市克罗姆涅瑞什

克罗姆涅瑞什位于兹林州，克罗姆涅瑞什大主教的庄园始建于13世纪，1643年被瑞典军队破坏后，由意大利建筑师改建为现在的巴洛克式风格。庄园花园呈长方形，早期巴洛克风格，当时人们崇尚把自然景物设计得井然有序，所以花圃和树木都修剪成整整齐齐的几

克罗姆涅瑞什的夏官花园

何图案,园内有244米的长廊、意大利风格的亭子和许多珍稀树种。庄园规模宏大,几个世纪以来一直作为奥洛莫乌茨大主教的夏宫。

克罗姆涅瑞什庄园画廊以拥有丢勒、鲁本斯、提香、梵·戴克等的作品而闻名于世,庄园图书馆拥有8万多册藏书。1848—1849年,捷克立宪会议在此举行,未能就宪法条文达成协议,被军队驱散。

庄园音乐图书馆里收藏了几千首巴洛克乐曲,每年夏天这里都举办音乐节。庄园下面有一座占地超过64公顷的英国式花园,也有长廊和亭子。市内广场上的哥特式教堂,大主教夏宫地下的葡萄酒窖,也都是值得一看的景点。

1998年克罗姆涅瑞什被列入联合国教科文组织的世界遗产名录。

右图:列德尼采庄园室内装潢以雕刻为主
下图:瓦尔季采庄园的巴洛克式建筑

欧洲最大的人造公园
列德尼采-瓦尔季采庄园公园

位于南摩拉维亚州,自1582年起为列支敦士登家族的两座庄园,相距7公里,19世纪初在两者之间建公园,其面积近180平方公里,比位于奥地利和瑞士之间的同名公国还大,后者面积为157平

方公里。公园最初的目的就是为了给贵族们骑马或者郊游时增添优雅的情趣，所以很多细节体现了当时崇尚自然、历史与异域文化的特点。

列德尼采庄园为新哥特式建筑，室内装潢以雕刻为主，家具、陈设堪称豪华，附有狩猎博物馆和当时很时髦的培养热带植物的铸铁结构温室，瓦尔季采庄园是巴洛克式建筑，该公园被誉为捷克最漂亮的公园，还有不少值得欣赏的景观，如夏宫、状如凯旋门的教堂、柱廊、古堡废墟、法式大花园、清真寺宣礼塔、各种大小教堂、跑马场、猎场以及各种珍奇植物等。庄园把河水引入园内，修建了5个鱼塘，成为花木、鱼类和水鸟的天堂。这里还是葡萄种植和加工区的中心，既有葡萄育种站，又有捷克唯一的葡萄专业学校。

公园1996年被列入联合国教科文组织的世界遗产名录。

特热比奇，充满都市感的犹太保护区（图／视觉中国）

犹太区遗迹保存完好的特热比奇

几个世纪以来，欧洲的犹太人被迫生活在封闭、拥挤的犹太区中。而在捷克维索奇纳州的特热比奇，犹太区的楼房鳞次栉比，充满都市感。这里完整地保存了17—18世纪的2座犹太教堂、古老墓地和120多幢楼房，成为以色列境外唯一完好的犹太区遗迹。

离犹太区不远、建于1260年前后的圣普罗科普教堂，是捷克最漂亮的罗马式建筑之一，同时结合了早期哥特式的特色。

此外，另一处世界遗产在布尔诺附近，虽建于20世纪早期至今仍属新潮的图根哈特别墅，它有一个20多米宽的活动玻璃窗，实际上三面皆为玻璃墙，室内明亮。

捷克处处有美景

胡斯革命运动的中心塔博尔

塔博尔是南捷克州的第二大城市，也是进入捷克中部的大门，建于1268年，1420—1434年成为胡斯运动激进派的中心。五六百年匆匆而过，这里留下的文物古迹仍随处可见。市中心广场以胡斯运动的天才统帅日什卡的名字命名，并树有他的塑像。广场

塔博尔的日什卡雕像

边上建于15世纪的哥特式市政厅如今是胡斯运动博物馆，有关它的文物资料，应有尽有，参观者络绎不绝。广场上有两张石桌，兴许作为举行宗教仪式之用。广场下面布满纵横交错的长达800米的地道，部分对外开放。在胡斯花园里，1928年起建有胡斯纪念碑。笔者曾在1961年春与捷克同学一起来此参观，这是个令人景仰的地方。

布尔诺，捷克第二大城市，国际展览中心（图/视觉中国）

每年9月中旬,塔博尔会举办国际性的"相逢在塔博尔"活动,市中心的广场摇身一变,成为栩栩如生的中世纪市场,有人扮演成当时的工匠、商人,还有骑士表演。

布尔诺的午时钟声提前一个小时敲响

捷克的第二大城市、摩拉维亚的首府布尔诺有40多万人口,以举办国际机械和消费品博览会及多种展览闻名于世,又是捷克宪法法院所在地。

布尔诺展览区

布尔诺是捷克的第二大教育中心,有两个著名的代表性历史文化古迹:圣彼得与圣保罗教堂和斯比尔贝格教堂。结合了现代化都市感和布尔诺水坝的天然美景,布尔诺一直是游客青睐的目的地。

布尔诺东郊的斯拉夫科夫是著名的"三皇会战"之处,1805年12月2日拿破仑在此以少胜多,大败俄奥联军,翌年在巴黎建造凯旋门。列夫·托尔斯泰在其巨著《战争与和平》中对这场战争有详细的描述,如今这里留有1909—1912年建造的和平纪念馆。

这里要说的是布尔诺在第一次全欧战争中如何退敌的故事。1617年神圣罗马帝国皇帝马蒂阿什钦定狂热的天主教徒斐迪南二世为捷克国王，信奉新教的捷克人拒不接受。1618年5月23日，奥地利哈布斯堡王朝的两名全权代表在布拉格城堡被抛出窗外，这意味着捷克贵族反哈布斯堡王朝起义开始，由此引发1618—1648年欧洲诸雄争霸的"三十年战争"。1645年瑞典军队包围布尔诺，因久攻不下，为首的将领使出激将法：如不能在最后一天中午12点之前攻下该城，他就撤军。此后瑞典军队像潮水般轮番进攻，布尔诺的命运岌岌可危。在这千钧一发之时，布尔诺圣彼得与圣保罗教堂的敲钟老人(一说市民)心生一计，在上午11点时就敲响中午12点的钟声。此计果然奏效，瑞典军队退兵，解了布尔诺之围。300多年来，该教堂午时的钟声总是在11时敲响。

纳粹德国关押捷克政治犯和犹太人的集中营特雷津

特雷津位于乌斯季州，始建于1780年，约瑟夫二世在此建立军事堡垒"小要塞"的目的，是为了阻止普鲁士军队继续入侵波希米亚西部。二战中，德国占领当局将其变为盖世太保关押政治犯和犹太人的集中营，总共约15万来自欧洲各国的犹太人羁押于此，其中大约

特雷津，犹太人苦难历史的见证之地

35000人死在这里。特雷津的民族公墓里，埋葬着29172位死难者。另一说在此遭杀害的捷克、德国、奥地利、荷兰、丹麦、匈牙利和斯洛伐克等国的犹太人达14万。如今这里是民族苦难纪念馆，展出当年集中营的资料和抵抗法西斯斗争情况。

形状独特的赫卢博卡庄园

赫卢博卡庄园位于捷克南部，13世纪下半叶为城堡，几经易手，改建为文艺复兴式庄园。1707—1728年在施瓦岑伯格家族手里时又改建为巴洛克式庄园，如今的新哥特式风格出自1841—1871年。当时的施瓦岑伯格家族继承人特别喜欢英国文化，于是就把庄园改建成温莎哥特式模样。

赫卢博卡庄园的早晨厅收藏丰富

庄园外表呈白色，状如古代要塞，内部装潢极尽奢华，设施完善，陈设典雅，收藏丰富，品种繁多，包括挂毯、木雕、瓷器、绘画、家具和武器等。最珍贵的家具放置在早晨厅，大厅的墙壁覆盖着17世纪初的一套壁毯。最具特色的看点还包括：与大部分天花板以壁画装饰不同，它的天花板和墙壁都是木雕装饰。

游客在赫卢博卡庄园见证贵族生

赫卢博卡庄园，又称白色城堡（图/视觉中国）

活的豪华,能够大饱眼福。庄园里还有南捷克画廊,是由先前的跑马厅改建的,附近还有始建于1490年的捷克第二大鱼塘,面积达520公顷。

捷克最著名的温泉疗养城市
卡罗维发利

捷克拥有丰富的温泉资源,现有35个温泉城,仅著名的温泉疗养胜地就有10多个,卡罗维发利温泉是其中历史最悠久、规模最大的一个。1350年左右,这里的温泉被发现,相传,捷克国王查理四世在行猎时追逐一只小鹿,小鹿失足落水,由此发现了此处的温泉,故名"查理温泉",山上有鹿跳崖雕塑作为传说的注释。查理四世把这里升格为城镇,19世纪末,建筑师把卡罗维发利温泉城改建成了现在的样子。

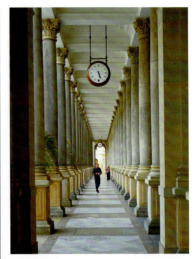

卡罗维发利温泉城的柯林斯温泉长廊 (图/张克平)

卡罗维发利位于布拉格以西130公里处,特普拉河汇入奥赫热河的地方,人口约8万。有12眼温泉,自地下2000—3000米处喷射而出,高达10—15米,温度为42—73摄氏度。温泉含有多种矿物质,

卡罗维发利

可治疗消化系统、新陈代谢、运动受损等疾病。

卡罗维发利（温泉）小镇的温泉杯子（图／张克平）

卡罗维发利坐落在山谷之中，四面环山，环境优美，空气清新，疗养设施完备，服务细致周到，有的宾馆屋顶还有露天游泳池，因此，欧洲各国宾客纷至沓来。马克思（带着女儿）、席勒、贝多芬、密茨凯维奇、李斯特、果戈理、歌德、彼得大帝等都曾在此疗养。阿拉伯富翁也慕名来此休假，俄罗斯的富商甚至在这里购置房产。患者主要通过饮用含有不同化学成分的矿泉水进行治疗，游客也可一尝为快。为便于大家饮用，当地专门生产一种扁平的瓷杯，饮时杯嘴兼做把手，对着自己。一批批游客逛街时，在只有泉城才有的宁静中欣赏出自名家之手的柱廊（那里有两眼温泉）、凉亭和教堂等美景，举杯品尝略显苦涩但有益于健康的矿泉水，成为该城的一道独特的风景。除此以外，还有温泉浴、泥疗等。

卡罗维发利还出产多种蜚声国内外乃至全世界的特产：水晶玻璃器皿、高档瓷器，用矿泉水、多种草药和香料等酿制的、被戏称为"十三泉"的药酒，状大如盘、类似维芙饼干、装在铁皮盒里的薄饼等。此外，自1946年起，卡罗维发利每年（曾改为每两年）举行一届国际电影节，如今已成为最有影响力的世界级电影节之一，届时影星云集。我国影片《梁山伯与祝英台》《白毛女》《钢铁战士》《聂耳》《良家妇女》和《芙蓉镇》

玛利亚温泉（图／张克平）

玛利亚温泉小镇的铸铁柱廊 (图/张克平)

等曾在卡罗维发利电影节上获奖。这里还举办德沃夏克音乐节、贝多芬音乐节和国际爵士音乐节。另外，德高望重的朱德副主席1956年访捷时，曾在这里休养数日。距此不远处还有两三个著名的温泉城市，构成捷克西部三角鼎立的温泉区。

能辅助治疗肾病等疾病的玛利亚温泉位于卡罗维发利南部，人口约2万，玛利亚温泉对治疗肾脏、泌尿系统、新陈代谢、皮肤、关节和呼吸道等疾病的治疗有帮助。玛利亚温泉城始建于19世纪初，这里有53处冷泉，温度为摄氏7—10度。歌德数次来访，果戈理在此写作《死魂

弗兰季舍克温泉的男孩铜像

灵》，易卜生、高尔基、屠格涅夫、肖邦、瓦格纳、李斯特和施特劳斯等曾在这里留下足迹。玛利亚温泉城每年举办肖邦音乐节，漂亮的铸铁柱廊是这个城市的亮点。

能辅助治疗妇科病等疾病的弗兰季舍克温泉位于卡罗维发利西南，人口不足1万，建于1793年，有较大的温泉21眼，还有几处小温泉，以治疗妇科、新陈代谢疾病出名。歌德多次在此逗留，贝多芬1812年来此疗养。弗兰季舍克温泉的标志是一尊赤身裸体、怀抱大鱼、坐在球上的男孩铜像，被渴望当母亲的妇女摸得锃亮。这里还有儿童妇科疾病疗养所，在欧洲是独一无二的。

顺便提一下，捷克对发展医疗卫生事业非常重视，平均每300人就有一名医生，每80人就有一张床位。从1966年起，实行全民免费医疗，还不收取住院病人的餐费。

欧洲最大的石桥

　　捷克地势特点是西北、东北和西南三面高而东南低，境内河流出境后分别注入德国的易北河(捷克境内称为拉贝河)和多瑙河。捷波德三国交界之处多砂岩，与我国广西桂林至阳朔等地的石灰岩相仿。捷德边境的"捷克小瑞士"面积达172平方公里，怪石嶙峋，风景绝佳。

　　"捷克小瑞士"风景区，有座天然形成的砂岩天桥（或叫天门），高21米，跨度26.5米，蔚为壮观。顺便一提，在捷

克中东部的图尔诺夫等地，还有地形地貌相似、面积达120平方公里的"捷克天堂"。那里有几个石头镇和一些零星的奇石，据说都是海底沉积物因地壳变动造成的。笔者在学生时代曾有幸前往一睹为快，并画了速写。

　　摩拉维亚地区有欧洲最大的喀斯特地貌区，那里岩洞上千，大部分有钟乳石，可乘汽艇游岩洞。

Tips
捷克的地理之最

　　捷克领土最低点在捷德边界，海拔116米，最高点是捷波边境克尔科诺谢山的斯涅什卡峰，海拔1602米。捷克最长的河流伏尔塔瓦河，全长440.25公里，最大的池塘南捷克罗任贝尔克池塘，面积为720公顷，坝长2.4公里，人工修建于16世纪。

捷克的喀斯特岩洞 (图/视觉中国)

布拉格节日歌舞 (图/视觉中国)

4

We all live on the same planet

人文风俗

布拉格，就是活的建筑教科书

布拉格享有"建筑博物馆"的美誉，建筑风格多种多样，尤其是老城区和小城区，是欧洲千年建筑的活的教科书。不过如何识别其特点并非易事。建筑风格繁多，每种风格又因其发展过程而分为早中晚等不同时期，而且不同风格互相渗透，一般来说只能由专家进行论断。

布拉格的建筑风格主要有4种：按照时间顺序，首先是罗马式，流行于1100—1250年，其特点是建筑物为圆柱体，屋顶为圆锥形，窗子为拱形，古朴厚重。11—13世纪，市民在伏尔塔瓦河老城岸边建造了很多罗马式楼房，一直到现在，这些建筑的地下室及地面一层都还保留着罗马式风格，例如波杰布拉迪和

波杰布拉迪和昆施塔特贵族楼的罗马式建筑风格（图/视觉中国）

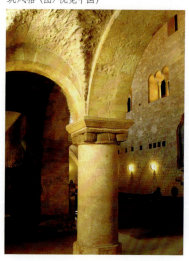

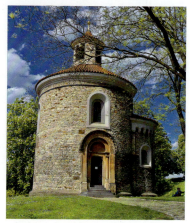

维舍堡的圣马丁圆形教堂（图/视觉中国）

昆施塔特贵族楼。

代表性建筑：维舍堡的圣马丁圆形教堂等。圣马丁教堂是独一无二的11世纪50年代罗马式教堂，既做过火药仓库，又成为附近贫民的庇护所。19世纪50年代，维舍堡的主教把教堂改造回最初的样子。

哥特式来自法国，流行于1230—1530年，其特点是尖顶或帐篷顶，穹顶为肋骨状，窗子也是尖的，高大雄伟。13世纪后的布拉格受哥特式建筑风格的影响很深。最有名的哥特式教堂是老城广场上的狄恩教堂，胡斯长期布道的伯利恒礼拜堂。老城广场周围有几座保存至今的哥特式商楼，比如古老的石羊楼，这座大楼诞生于13世纪中后期，为卢森堡王朝修建，典型的塔形建筑风格，现在布拉格美术馆借用石羊楼作为展览场

圣维特大教堂是哥特式的典型代表（图／张克平）

地，并且举办古典音乐会。

查理四世在位的14世纪是哥特式建筑发展最快的时期，查理广场附近建造了7座修道院，其中最著名的是埃毛齐修道院，用古斯拉夫语举行仪式，走廊保留着捷克最珍贵的哥特式壁画。代表捷克晚期哥特式风格的是15世纪城堡王宫，当时的国王御用建筑师把原来的王宫三楼改为壮丽的晚期哥特式弗拉基斯拉夫大厅。

代表性建筑：布拉格城堡的圣维特大教堂、城堡王宫的弗拉基斯拉夫大厅、老城市政厅等。

文艺复兴式来自意大利，流行于1493—1620年，其特点是有明显的水平线条、拱廊，内外墙饰以平面或立体的装饰为主，尤其是雕刻壁画（至少涂上两层不同颜色的涂料，干后刮去一层露

出另一层）最具特色，华丽中透着典雅。

相比较其他国家，捷克接受文艺复兴式建筑风格较晚，1526年哈布斯堡王朝确立统治地位后，文艺复兴风格才逐渐深入。1493年的弗拉基斯拉夫大厅的窗户是布拉格最早出现的文艺复兴特点的建筑装饰。16世纪开始布拉格小城区内安装了水塔，17世纪时，这些石头高塔变成了文艺复兴造型。

代表性建筑：安娜夏宫，鲁道夫二世时期曾作为天文观测站，也被视为意大利境外最美丽的文艺复兴建筑之一。

巴洛克式流行于1611—1780年，其特点是圆顶、钟顶或洋葱头顶，天花板绘有大幅壁画，正面立有动态雕塑，以华丽著称（后期与洛可可式混用，则过于花哨）。捷克的巴洛克风格艺术经常和反天主教的活动相关。建于1614年的马

蒂阿什大门（位于布拉格城堡第一院落和第二院落之间）是布拉格的第一座巴洛克式建筑，原本大门是独立建筑，18世纪后期布拉格城堡修建时，把它并入新城堡前方正门的侧厅建筑中，备受瞩目。小城广场区的圣米库拉什教堂是波希米亚全盛时期巴洛克的建筑杰作，也是梦幻式巴洛克的建筑典范。除了教堂外，布拉格还有不少皇宫贵族的巴洛克式宫殿，有装饰用的灰泥正面，流动感的浇铸和典范门牌标志，后宫往往有搭建了藤架及凉亭的花园。

代表性建筑：小城广场的圣米库拉什教堂和瓦尔德施泰因宫等。

瓦茨拉夫广场东边的欧洲酒店，新艺术风格的代表（图/视觉中国）

再谈谈其他的建筑艺术形式吧，比如新艺术风格。布拉格最有名的新艺术建筑为市公共大厦、布拉格展览馆的工业厅以及布拉格中心火车站，是能够在艺术、流行趋势及生活方式上赢得肯定的新艺术风格。

新古典主义兴起于18世纪末，布拉格从奥匈帝国的一个州转变为欧洲的一个现代化都市。本来4个独立的市结而为一，一步步建立水管和排污下水道，城市的马路也越来越宽，建造了新的城市公园。古典风格和新帝国式风格的第一座建筑是地产剧院，属于民族剧院的一部分。它从1783年建成后，一直保存古典风格至今并不容易。最初以创立者的名字命名，波希米亚王国地产贵族购买剧院后，名字变为王国地产剧院，节目表演也都是用德文。第一个捷克文节目直至1826年才开始表演。

代表性建筑：金斯基贵族夏天别墅、布拉格城堡附近的李赫特尔别墅等。

立体主义大约兴起于1909年后，布拉格和巴黎一起，成为欧洲立体主义建筑风格的中心，捷克的立体主义建筑特色是圆形立体派风格，虽然历史不长，但是有不少非常具有特色的建筑在布拉格街头闪耀夺目。比如建筑师约瑟夫·高治尔设计的采雷特纳街黑圣母楼，这座楼的主人是布拉格有名的商人赫贝斯特，楼名与这座楼里黑色玛利亚圣母像有关。1993年整修之后，这里创立了捷克立体派展览馆，介绍20世纪初整个捷克的立体派艺术，包括建筑物、绘画、雕塑、应用艺术甚至家具等等类型。

代表性建筑：河沿大街的军团银行、雍格曼广场上的亚得里亚宫等。

功能主义出现在两次世界大战之间，功能主义风格的设计师认为，建筑功能比设计更重要，比如拔佳百货大楼、霍列索维采展览大厦以及列特纳的国家技术博物馆。20世纪30年代位于河沿大街的白天鹅百货大楼内部有当时最现代化的设备，至今仍保留着最初的效果。由于功能主义建筑风格简单高雅，很快便成为流行时尚。布拉格的米劳别墅、林哈尔别墅都是功能主义风格的代表作。

代表性建筑：建筑师约瑟夫·高治尔所建造的圣瓦茨拉夫教堂等。

圣瓦茨拉夫教堂，功能主义风格的代表

捷克语言文字及文学

捷克语是斯拉夫民族语言的一种,其文字是由希腊人西里尔和梅托杰伊兄弟创造的,863年作为基督教使者,他们受拜占庭皇帝派遣,出使大摩拉维亚帝国并研制出了捷克文字。

捷克文采用拉丁字母,与斯洛伐克文字差别甚小,尽管两族分开近千年。捷克语跟波兰语有相通之处,捷克和波兰边境居民在一起交谈,各说各的,据说大约可听懂七成。同俄语相比,捷克文字除字母不同外,至少还有两点不同:名词有呼格共7个格,语音有r上带钩的音。r是个舌尖颤音,带钩意味着还要加上zh音。据笔者所知,并非所有捷克人都会发这个音,外国人初学有一定难度。捷克语有句绕口令,每个单词都含这个音,真是强人所难。不过,学几句常用口语并不难,旅行中还可增添不少情趣,也可说不虚此行。当然在捷克用英语等也可沟通。

笔者在捷进修时,有幸师从德艺双馨的著名古捷克语专家和捷克语修辞专家。捷克科学院1960—1971年曾编辑出版厚达20多厘米的四卷本《捷克语大辞典》。

使用捷克语的最多也就1000多万人,然而这并不妨碍它成为一种发达的、富有表现力的、能写出优秀文学作品乃至世界杰作的语言。捷克诗人雅·塞弗尔特(1901—1986)1984年获得诺贝尔文学奖。

鲁迅先生很推崇东欧国家包括捷克的文学作品,认为它们反映了弱小民族令人同情的遭遇。1949年以来,我国翻译工作者把捷克众多的优秀文学作品翻译并引介到国内来,起初通过俄语、英语等译本转译,后来由留捷学生直接从捷克语翻译。笔者本来涉猎的捷克语诗文并不多,后来通过翻译出版回忆录和童话等,加深了对捷克语和捷克文学的了解,感到捷克文学作品不仅内涵丰富、积极向上,而且艺术方面也可与欧美大国的文学媲美,读后口有余香。

我国有"一字之师"的说法,捷克也有类似情况,20世纪上半叶捷克最著名的作家卡·恰佩克(1890—1938),因创造"机器人"一词而名垂青史。

在我国家喻户晓的好兵帅克

捷克作家雅·哈谢克(1883—1923)代表作《好兵帅克历险记》中的主人公帅克在中国有很高的知名度。这部长篇小说讲述捷克普通士兵帅克在第一次世界大战中的种种曲折遭遇,揭露这场战争的帝国主义性质,以及奥匈帝国军队、警察、法庭、监狱、神甫等的凶恶残暴和昏庸无能。其艺术特色是对奥匈帝国黑暗统治的辛辣讽刺和无情嘲弄,可谓嬉笑怒骂皆成文章。与此同时,小说

哈谢克

成功地塑造了一个朴实无华、为人和善、笑容可掬、机智勇敢的好兵帅克形象。

布拉格二区战场街12号有家圣杯酒馆，俗称"帅克饭馆"，哈谢克曾经是这里的常客，小说的人物也出自这里。小说问世并在国内外走红后，游客慕名纷至沓来，酒馆每天顾客盈门，生意十分兴隆。许多名人雅士，如智利诗人聂鲁达、德国总理科尔等，也曾光顾这里。走进酒馆，大厅中高挂几个水晶吊灯，四周墙壁画满小说的插图，酒杯、餐具、杯垫和纸巾等都印有帅克的图像。最近布拉格一区宽街20号，也有一家"帅克餐厅"。我国早在20世

帅克的漫画形象

纪50年代，就出版过小说的节译本。20世纪80年代初出版了全译本，当时还放映有关的电影和动画片，形成一股"帅克热"，妇孺皆知。据笔者所知，最近又有新译本。

在狱中写出不朽之作的伏契克

尤·伏契克(1903—1943)是捷克举世闻名的反法西斯民族英雄。他出生于工人家庭，后来进入布拉格查理大学文学院学习，曾任捷共中央机关报《红色权利报》编辑。捷克1939年3月被纳粹德国占领后，他是捷共第二届地下中央的三名成员之一。由于叛徒出卖，他不幸于1942年4月24日被捕。在狱中受尽严刑拷打，九死一生(昏迷一个半月)，仍坚贞不屈，视死如归。不仅如此，他在随时都有可能被送上绞刑架的情况下，从1943年4月13日到6月9日，在两名捷克看守的帮助和掩护下，用铅笔头在碎纸片上，写出了震撼人心的旷世杰作《绞刑架下的报告》。

在这部7万来字的作品中，他记叙了许多"大写字母的人"，也鞭笞了一小撮叛徒和刽子手。他谆谆告诫："人们，我是爱你们的! 你们可要警惕啊!"1943年9月8日，他唱着《国际歌》英勇就义。

《绞刑架下的报告》被译成90种文字。在我国至少有4个版本，影响了很多人，其中部分章节（第三章《二六七号牢房》），入选我国的中学语文课本。1989年"十一月事件"发生后，捷克有人以该书曾被删除两页半为借口，试图否定伏契克及其著作。后经伏契克的战友、狱友、监狱翻译和看守作证以及笔迹鉴定，这个说法未能得逞，1991年补全所删。

颇受我国读者青睐的捷克旅法作家米兰·昆德拉

米兰·昆德拉（1929—）出生于捷克第二大城市布尔诺的一个音乐之家，上大学时同时攻读不同院系的课程，毕业后曾在音乐、戏剧、美术学院电影系教授世界文学，1975年离捷赴法任某大学客座教授。他的长篇小说，如《玩笑》《生活在别处》《笑忘录》和《生命中不能承受之轻》等，都以捷克的当代命运作为故事背景和发生地。跟一般意义的小说是"聚历史的暖光"不同，米兰·昆德拉更强调"小说是一个伟大的智慧合成"，小说本身就值得被发现和探究，"这个自由想象的王国，是跟现代欧洲文明一起诞生的。当然，这是非常理想化的欧洲，或者说是我们梦想中的欧洲。我们常常背叛这个梦想，可也正是靠它把我们凝聚在一起，这股凝聚力已经超越欧洲地域的界限"。

复调和梦境是常常被研究者探究

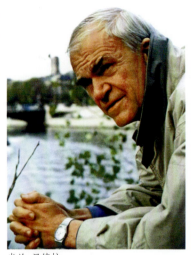

米兰·昆德拉

其小说技巧的关键因素，米兰·昆德拉确实在小说表达形式上让人耳目一新，也让习惯了传统阅读方式的读者有不适感。他会习惯性大量压缩故事情节性，更突出理念的引导。

根据《生命中不能承受之轻》改编的电影《布拉格之恋》，在中国也有很大的影响。人物的相遇和纠葛，借用最常见的"灵与肉"的概念，表达出对生命轻与重、命运的偶然与必然关系的深入思考，尤其是整个故事的背景就是1968年"布拉格之春"的特殊历史阶段，人物的转变契机，都被大的历史潮流裹挟着，无论是追逐"轻盈"的萨宾娜选择背井离乡，永离故土，还是托马斯和特丽莎农庄避难，回归到生命最"重"的一面，都有着真实背景的映衬。

米兰·昆德拉的长篇小说中有冷静

理性作品、反脱离现实社会的抒情作品、更能展示社会关系和规律性的复杂结构和"现代世界中人类存在的复杂性"的作品。除长篇小说以外，昆德拉还创作诗歌、戏剧作品、随笔和评论等，尤其是关于小说写作的《小说的艺术》和《被背叛的遗嘱》。昆德拉是当代捷克在国外著名的作家，他已加入法国籍，长年在国外生活，他在捷克的知名度反而不如在国外。

1985年，昆德拉获得"耶路撒冷文学奖"，在获奖答谢词中，他说："在这个饱受战火蹂躏的城市里，我一再重申小说艺术。对我来说，个人主义这个欧洲文明的精髓，只能珍藏在小说历史的宝盒里。""评价一个时代精神不能光从思想和理论概念入手，必须考虑到那个时代的艺术，特别是小说艺术。19世纪蒸汽机问世时，黑格尔坚信他已经掌握了世界历史的精神，但是福楼拜却在大谈人类的愚昧。我认为那是19世纪最伟大的创见。"昆德拉对小说本身的意义归属和价值肯定，是他既作为小说作者、又作为小说评论者的双重身份的例证。

1995年秋，捷克政府将国家最高的奖项之一——功勋奖授予米兰·昆德拉，他欣然接受。哈维尔给他的信中说：这次授奖是将米兰·昆德拉的祖国与他之间，画了一个句号。

目前国内出版社已将他的十多部作品推向市场，这将大大有助于对其作品的研读。

布拉格老城广场。电影《布拉格之恋》中，放弃了医生职业的男主人公托马斯，一度在这里擦洗玻璃窗（图/视觉中国）

看点
See the world with a diplomat

捷克人热爱自由和独立的天性, 在每个历史关键时刻都闪闪发光。

捷克民族的性格

这是个重要而有趣的话题, 不过一般只能各抒己见, 很难达成共识。拿帅克举例, 这个形象在捷克非常深入民心, 以致有"帅克精神"的说法。帅克作为普通士兵, 在长官面前无力反抗, 只能唯唯诺诺。可是, 他又不愿当顺民, 因此会消极抵制, 或者遵照执行以证其谬。何谓"帅克精神"? 可否概括为"消极抵抗"? 有人认为, "帅克精神"在相当程度上反映了捷克民族的性格, 捷克人就是帅克, 可捷克人并不认同。

当然, 胡斯为坚持真理而在烈火中永生, 日什卡率处于劣势的胡斯运动战士击败欧洲十字军的多次进攻, 伏契克视死如归、慷慨赴义, 库比什刺杀德国代总督海德里希, 帕拉赫为抗议苏军占领而自焚等等, 这些伟大人物、军事奇才、民族英雄的革命精神远在"帅克精神"之上。那么, 捷克普通民众的性格究竟如何呢?

热爱劳动的捷克人

捷克人能干, 自然地理环境也挺好, 本来生活应该很美满。可是捷克周边的大国老打它的主意, 曾被奥地利哈布斯堡王朝统治近400年, 20世纪又被占领两次。这些问题的解决以借助外力(奥匈帝国战败、苏军打败德国纳粹军队和整个东欧形势的变化)为主, 由此可见, 地处欧洲中心的捷克所面临的主要问题, 是如何在大国夹缝间生存。

以此观之, 我发觉捷克人有个共同特点, 那就是与生俱来的热爱自由和独立的天性, 善于进行反对异族统治和外国占领的斗争。他们嫉恶如仇, 同仇敌忾, 斗争形式多种多样, 包括以讽刺、幽默为武器, 讲政治笑话嘲弄占领者, 在这方面捷克人可谓独占鳌头。这让我们又想起帅克——不屈的好兵的艺术形象。

在日常生活中, 捷克人是挺好相处的, 他们虽自信然而并不傲慢无礼, 因而对他人能平等相待。不仅如此, 他们往往正直、真诚、热情、乐观, 富有同情心, 乐于助人。他们在政治方面可能不甚得志, 可在发展经济和文化方面往往得心应手。难得的是他们不仅爱干活, 而且也会干活。

工作之余, 他们热爱并善于歌舞, 爱喝啤酒和葡萄酒, 人均年啤酒消耗量在160公升以上, 与德国人互为伯仲, 不相上下。

爱干活会干活的捷克人

we all live on the same planet

与捷克有关的诺奖得主

雅·海罗夫斯基(1890—1967)：捷克化学家，查理大学物理化学教授、捷克科学院院士，曾经留学英国。因创造和发展极谱仪测定法，能快速确认金属及金属溶解浓度，于1959年获得诺贝尔化学奖。第二次世界大战后，极谱仪测定法被广泛地应用在科学、医学以及工业领域。我国曾有留捷学生拜他为师。

雅·塞弗尔特(1901—1986)：捷克诗人，曾被捷共开除出党，20世纪50年代受到捷共批评，1969—1970年任捷克作协主席。其诗歌如《怀中落下的苹果》《维纳斯的双手》等，赞叹世界之美与价值，1984年获得诺贝尔文学奖。

贝·冯·苏特内罗娃(1843—1914)：捷克女伯爵、作家，金斯基的女儿，嫁到奥地利后组织和平运动，根据其朋友诺贝尔的遗嘱，1905年她成为第一个获得诺贝尔和平奖的女性。2006年，上海摩西会堂举办过"一生为了和平——贝·冯·苏特内罗娃的生平纪念展"。

格蒂·特蕾莎(1896—1957)和卡·斐·科里(1896—1984)夫妇：获得查理大学医学院学位，后移居美国，从事动物组织葡萄糖和肝糖糖类(糖原)代谢研究，1947年获诺贝尔医学奖。

海罗夫斯基和极谱仪测定法

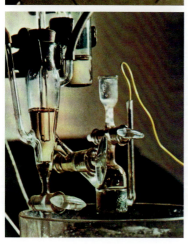

科里夫妇

威赫特勒，隐形眼镜之父

弗·普雷洛格(1906—?)：1929年毕业于布拉格化工学院，20世纪40年代定居瑞士，1975年因为进行的有机化合物立体化学研究，获得诺贝尔化学奖。此外，扬·埃·普尔金涅(1787—1869)为捷克民族复兴运动的一位代表人物，著名生理学家，当代生理学的奠基者之一，并为创建细胞理论作出贡献。

奥地利的精神分析学派创始人西·弗洛伊德(1856—1939)出生于捷克的摩拉维亚、遗传学奠基者格·约·孟德尔(1822—1884)出生于捷克的西里西亚，都是捷克人。捷克人还发明避雷针、隐形眼镜、微波炉等。

奥托·威赫特勒1913年出生于捷克普罗斯杰约夫市，从20世纪40年代起，在兹林市拔佳研究所研究尼龙六六生产技术。之所以被誉为"隐形眼镜之父"，是因为他发明了现在使用最广的软镜型隐形眼镜的材料HEMA，这项成果在20世纪60年代获得美国专利，之后美国的博士伦公司利用此技术，1972年起，正式将隐形眼镜投入商业市场，成为无数近视患者的福音。威赫特勒是捷克科学院院士、院长，美国化学学会会员，德国科学院院士，获得许多捷克及世界级科学奖项。

1911—1912年,大物理学家阿·爱因斯坦(1879—1955)曾在查理大学任物理讲师,并发现万有引力会使光线偏斜。顺便一提,美国首位女国务卿玛·奥尔布莱特(1937—)也是捷克(犹太)人,其父二战前任捷克驻南斯拉夫大使,1948年移居美国。奥尔布莱特在克林顿1993年入主白宫后,先后担任美国驻联大代表和美国国务卿。美国前总统克林顿本人也曾留学捷克。

捷克的奥斯卡金奖得主

《近看火车》

福尔曼

自1966年以来,捷克有6位电影人的5部影片获得奥斯卡金像奖:埃·克洛斯(1910—1993)和扬·卡达尔(1918—1979)导演的电影《走廊的小铺》(1966年得奖),易·门泽尔(1938—)执导的影片《近看火车》,米·福尔曼(1932—,1968年移居美国)导演的描绘莫扎特生活的《阿马德乌斯》(1984年获得奥斯卡的8个奖项)和《飞越布谷鸟巢》,兹·斯维拉克(1936—)和扬·斯维拉克

(1965—)父子一起创作的《柯利亚》。

易·门泽尔和米·福尔曼、维·希季洛娃一起,同属于捷克20世纪60年代后半期的新浪潮电影时代。易·门泽尔导演的电影有独一无二的味道,跟他擅长从作家的作品中取材有很大的关系,比如他改编过捷克著名作家胡波米尔·赫拉巴尔的6部作品,其中包括获得1966年奥斯卡最佳外语片奖的《近看火车》和获得1969年柏林金熊奖的《失翼灵雀》。

《我曾服侍过英国国王》是年近70岁时易·门泽尔的作品,不仅证明了他是电影《我曾服待过英国国王》改编自赫拉巴尔的小说。

125

《鼹鼠的故事》

捷克作家赫拉巴尔的最佳改编者，也证明了自身艺术掌控能力仍在。电影保持着当下与记忆的两个空间，流露出的喜剧感恰到好处，实现了夸张与平和、戏谑与冷峻、幻想与现实的完美结合，通过滔滔不绝的主人公的叙述，让人对内在情绪的窥探变得不那么容易。就像影评人木卫二所说："捷克人持杯在手，尤喜啤酒，身体里有着与生俱来的快乐细胞，却又有难以排遣的历史隐痛。"

顺便说一下，捷克动画片《鼹鼠的故事》，幽默滑稽，半个多世纪吸引了我国多少小观众啊，给他们留下难以忘却的印象。2003年在我国出版了同名系列儿童读物，迄今已发行上百万册。小鼹鼠不会说话，只能用叫声表达感情，却跟观众产生了深深的共鸣。

"小鼹鼠之父"兹·米勒，创作了关于那个胖胖的善良而又聪明的小东西历险的动画片大约50部，影片和相关图书在80多个国家放映和发行，并因此获得威尼斯国际电影节银狮奖和捷克总统奖章，2011年11月30日辞世，享年90岁。

Tips

卡罗维发利国际电影节

每年7月上旬，捷克的卡罗维发利嘉宾云集，这里举办的电影节是中欧乃至世界范围内的电影界盛事。电影节始于1946年，来参加都是专业人士，作为国际A类电影节之一，每年放映来自世界各地的200多部电影，颁发的水晶地球仪奖颇有影响力。电影节期间，社会知名人士、电影明星和成千上万的影迷聚集在这环境优美的温泉城市，看电影，听音乐，办盛典，开派对，几乎整个城市都变成了电影世界。

卡罗维发利距离首都布拉格约130公里，是一个从14世纪起就开始建设的度假胜地，也是充满活力的文化娱乐之都，7月有卡罗维发利国际电影节，8月有国际学生电影节，9月有卡罗维发利民俗节和德沃夏克之秋古典音乐节。丰富多彩的文化娱乐活动，吸引了世界各地的游客。

辉煌的体育成就

捷克地处欧洲大陆的心脏地带,虽然所处地理位置并不靠北,冰球运动却是其最成功的团体运动,冰球更被誉为"国球"。捷克斯洛伐克冰球队先后6次在世界冰球锦标赛上夺冠,捷克队1993—2007年5次夺冠,其中包括1998年日本长野冬奥会上,在遇到加拿大和美国职业球员参赛的情况下依然赢得了金牌。捷克人伊凡·赫林卡不仅是一位杰出的冰球运动员,还是成功的冰球教练,也是北美冰上曲棍球联合会的第一位外国教练。

捷克足球队在世界上也享有盛誉,多年来在国际足联的排名中位列前十。捷克斯洛伐克足球队荣获过1934和1962年世锦赛冠军、1976年贝尔格莱德

纳弗拉吉洛娃

欧锦赛冠军、1980年莫斯科奥运会冠军。捷克足球队夺得1996年英国欧锦赛银牌,2004年葡萄牙欧锦赛第四名。

捷克的网球名将频出:玛·纳弗拉吉洛娃(1956—)1978—1990年9次获得

日本长野冬季奥运会上捷克冰球队夺得金牌

伦德尔

温网女单冠军,后来捷克还诞生了诺沃特娜、科维托娃等网坛名将。

伊·伦德尔(1960—)上世纪80年代8次赢得澳网、法网和美网公开赛男单冠军。

捷克在田径(中长跑、标枪、铁饼)、体操、花样滑冰、水上运动和冬季运动等方面也取得过优异成绩,经常举办国际大型田径、赛马、摩托车、赛车、越野滑雪和高台滑跳等比赛。此外,捷克还每五年举办一届全国大型团体操表演运动会,运动会在拥有22万个座位(一说25万个座位)的布拉格斯特拉霍夫体育场举行,每个项目的参加者最多可达16000人,参加表演的运动员总数超过10万,男女老少都有,而且他们是从数十万人中选拔出来的。

捷克人喜爱运动和旅游,出行时不驾车而宁愿骑车或步行,官方出版发行徒步走遍捷克4万公里的路线图。儿童也爱运动,冬天在房前屋后自修冰场,练习溜冰和打冰球。由此不难看出,捷克体育成就辉煌之秘诀,主要在于运动的普及性和专业化或职业化。

热爱户外运动的捷克人

看点
See the world with a diplomat
128
过节吃鲤鱼是捷克的传统习俗。
we all live on the same planet

捷克民风民俗

家庭圣诞树

12月初的圣米库拉什传统活动

圣诞前夜吃鲤鱼
成为一种习俗

　　圣诞节是捷克一年之中最重要的节日，12月24日为圣诞前夜，接着两天是节日，假期常常延长到元旦之后。琳琅满目的圣诞集市设在热门广场，人们采购年货，熙来攘往，好不热闹。有小孩的家庭，还得准备家庭圣诞树和礼物。

　　节日饮食方面，鲤鱼不可或缺。平时捷克人吃肉或香肠较多，蔬菜较少，鱼更少（刺多，用刀叉不便，同理小排骨和猪蹄也少人问津，价格极低），过年时却非吃一次鱼不可。捷克为内陆国家，海鱼需进口，不过由于祖先不仅注重植树（捷克

的森林覆盖面积约占国土面积的34%），而且在摩拉维亚南部挖掘了许多人工鱼塘，倒也能自给自足。届时，布拉格各广场和大街小巷到处都可见卖活鱼的大木桶，人们踊跃排队，以选购鲤鱼为主。

　　圣诞前夜热闹非凡，街上和家中圣诞树上的彩灯和蜡烛全都亮起来，电视台播放著名歌手演唱脍炙人口的民歌，欢庆常常通宵达旦；教堂举行午夜弥撒，教徒众多。对捷克人来说，圣诞节主要意义在于家庭团聚。这就是说，一家人各奔东西，一年难得一见，趁此机会圆全家团圆之梦，在圣诞树的灯光或烛光之下，畅所欲言。笔者曾应邀出席一位捷克汉学家的圣诞家宴，他那时正为反

对苏军占领而蓄须明志,家宴菜肴少而精,妻子是贤妻良母型的知识女性,还会做甜食点心。最令人难忘的是那种在烛光之下促膝谈心的温馨气氛。

据说农村还有青少年成群结队到村里各家唱歌和祝贺节日的习俗,各家得请客或赠礼。

以彩蛋迎接春天的到来

复活节是基督教纪念耶稣受难和复活的节日,日期不固定,在春天第一次月圆后的第一个星期日(3月22日到4月25日之间)。不过,它在捷克早已由宗教节日演变为民间节日,届时人们制作彩蛋,

复活节传统活动,小伙子用柳条轻轻鞭打姑娘 (图/视觉中国)

伏尔奇诺夫"王"骑马活动

捷克最受关注的民俗活动之一，200多年来，一直备受艺术家、科学家、民俗学者和民俗艺术爱好者赞赏。

年满18周岁的捷克年轻男子们是活动的主角，他们骑着挂满装饰彩带的骏马，走过伏尔奇诺夫的街巷，吟唱着古老诗歌歌颂他们的"王"，也叫喊着邀请围观者给"王"送上礼物。

"王"由未满18岁的少年扮演，穿着古老女式民俗服装，头上有王冕，由人造花编织而成，还有彩色的刺绣缎带垂在脸颊旁。最有意思的是，他紧紧咬住一朵玫瑰花，象征着不能出声。"王"的身边还有两个佩剑"护卫"相伴。

扮演"王"的捷克少年

复活节彩蛋（图／视觉中国）

将其作为春天和生命的象征，庆祝大地回春、万象更新。

复活节彩蛋的制作可是个技术活，把蛋黄蛋白抽出之后，接着就把蛋壳染上各种不同的颜色并手绘、雕刻或蜡染上千变万化的图案。这不是人人都能做到，而是心灵手巧的妇女的专利。与此同时，彩蛋也成为一种传统的民间工艺品，赏心悦目，令人赞叹不已。除此以外，节日期间还有一种习俗，年轻小伙子把新生的柳枝编成鞭子，轻轻地"鞭打"姑娘。姑娘不但不生气，而且还因小伙子帮她"祛病消灾"而赠送彩蛋对他表示感谢。总之，复活节是个春天、新生和青春的节日。

捷克的婚俗

捷克的经济、生活、教育等水平较高，人均寿命77.7岁（2016年），青年男女的身体发育和婚恋嫁娶也都比较早。家中女孩长到十三四岁，家长也许就不敢再办家庭旅馆了，15岁的女孩可能像中年妇女那样开始发胖。不少九年制中学生已经开始谈恋爱,上职业学校时谈恋爱的更多,到上大学时多数已心有所属了。农村俱乐部周末经常举办舞会,不仅丰富人们的生活,而且给青年男女交友和择偶提供机会。

男女青年新婚燕尔时,双方家长都免不了大宴宾客一日或数日以示庆祝,不过以往到市政厅登记结婚者居多,如今到教堂举行宗教婚礼的显著增多。

婚后,妻子一般改姓丈夫的姓(个别出自名门或本人为名人者,也有同时保留自己原来姓氏的),子女的名字一般取自出生当年的日历,生在哪天就取那天日历上写的名字。这与我国姓少名多的情况迥然不同,捷克的情况是姓多名少,姓氏多有含义,通常只能采取音译,因日历上的备选名字互有重复,所以捷克人的名字不足365个。

舞会

上图:市政厅的婚礼大厅
下图:捷克传统婚礼(图/视觉中国)

吃在捷克

捷克的民族饮料——啤酒

在捷克，不论男女老少，人人喜欢喝啤酒，卖啤酒的柜台随处可见。人均年啤酒消耗量为160多升，如除去儿童，则平均每个捷克成年人每天啤酒消耗量超过1升。与德国相比，捷克的啤酒消费能力毫不逊色。

早在公元前，捷克的波希米亚盆地已有人开始酿酒，斯拉夫民族开始使用啤酒花。中世纪的时候，只有本土的农民有权自产自用啤酒，许多城市居民无权酿造，因此只能私酿。天主教进入后，修道院有啤酒酿造权，之后，13世纪开始，在国王建议下教会终于同意让市民自由酿酒。

啤酒酿造设备

捷克啤酒种类繁多，谁也无法说清到底有多少种。捷克人对啤酒情有独钟，其原因在于捷克啤酒不仅好喝，清爽可口，而且是营养丰富的"液体面包"，当然不少人也因此大腹便便。捷克有啤酒厂数十家，年产啤酒100多万吨，最著名的是皮尔森的古泉啤酒和南波希米

啤酒生活 (图/视觉中国)

亚的捷克布杰约维采的百威啤酒（百得福，捷克语发音为"布德瓦尔"，意即"布市啤酒"）。以古泉啤酒而论，由于生产原料上乘和酿造工艺精湛，深受消费者欢迎。

皮尔森啤酒厂有一口深达90米的软质水井，以有"绿色金子"之称的啤酒花和优质大麦为原料，采用两次煮出法、在橡木桶中低温发酵和储存等传统工艺，最后一道工序是在温度常年保持在零度左右的地下酒窖存放3个月，之后才出厂。捷克啤酒颜色较深，泡沫持久，风味特别，清香、柔和、略带苦涩，远销70多个国家。

捷克人喝啤酒不需要下酒菜，常见有人在数小时内接连不断喝好几十升啤酒，堪称豪饮，令人惊叹。顾客要一杯一升装的啤酒，服务员就取下夹在耳朵上的铅笔头，在瓷垫盘的边上划一道，按划的线条数结账。如果垫盘画满一圈，顾客岂不已有几十升啤酒进肚。

捷克人也喜欢喝葡萄酒，葡萄园主要分布在南摩拉维亚。每年，布拉格举办美食节，皮尔森和南摩拉维亚的米库洛夫等地分别举办啤酒节和葡萄酒节。顺便提及，米库洛夫市有欧洲第二大葡萄酒桶，容量可达10万升。

葡萄酒窖藏

捷克的美味佳肴

捷克的畜牧业相当发达，居民饮食一般以肉奶蛋类等为主，蔬菜相对较少。其菜肴品种的选择余地虽然不大，可货真价实、营养丰富，有滋有味。捷克最有名的菜是烤猪肉配酸菜丝和馒头片，馒头片的制作颇有趣，先把发酵的面团（常掺入面包屑和不够新鲜的牛奶）揉成一根一尺多长的粗面棍，将其放在大锅中煮熟，最后用棉线把它绞成片，据说是源自马可·波罗13世纪末从中国带回的意式面制品。

除此以外，广为人们喜爱的热菜还有炸猪排（实为炸里脊）、红烧牛肉、烤小牛肉等。冷菜拼盘中，土豆奶油沙拉相当受欢迎。主食以面包（咸的、褐色的、比较密实而不那么松软的餐包）为主，也吃土豆和米饭等。与我国饮食习惯不同，饭前一般先喝汤，最受推

餐具和酒具都很讲究

崇的是土豆蘑菇汤、牛肉汤和百叶汤等，饭后一般还有饮料、水果或糕点等。高校食堂享受国家补贴，饭菜相对来说可谓价廉物美。由于蔬菜较少，不少女生在午饭究竟是吃一朵菜花还是一块不小的肉块时，往往选择前者。周末晚上食堂不开放，一般在中饭后发放晚餐：夹几片火腿肠或一块干酪的三明治。

笔者曾有幸应邀出席捷克西部某地方为外国驻捷使馆新闻官员和外国记者举行的奶制品宴会，其奶制品种类之多令人赞叹，奶香扑鼻，终身难忘。大型国宴不言而喻是最丰盛的，除三五个精心烹制的热菜外，偶尔还有烤乳猪、鹿肉和野味等，此外还有各种各样的香肠、火腿和酱肉，以及切片的生黄瓜、西红柿和青椒。驻外使节的小型宴请一般是少许冷盘、两菜一汤，难得四菜一汤，一般让来宾自取。菜肴的选择、做工、口味，水果、糕点和酒水的品种，甚至餐具和酒具本身，都很讲究。

顺便一提，两片面包夹上蘸有芥末的烤对肠，在捷克是随处可见的风味小吃。笔者对当地的饮食有个适应过程，起初在捷语短训班吃

圣诞晚餐，鲤鱼排配土豆色拉

馒头片和烤饼

捷克的馒头片用面粉、酵母、蛋黄和牛奶制成，先和面，揉成既粗又长的面棍，让它发酵，再用沸水煮熟，之后把它切片。

传统的捷克甜点是一种烤饼，这些又大又圆的甜面团，里面塞满了浆果、梅子或杏儿，再淋上融化了的黄油和糖霜，十分甜美。捷克谚语："没有劳动，就没有烤饼。"意思是不劳动，不得食。

蘸番茄汁的牛肉和馒头片

不惯酸黄瓜和酸菜丝，也不喝随意自取的无糖酸奶，甚至因肉食增多、运动太少而造成胃肠不适，后来才得知那些是饮食佳品，只是已无机会再享用了。

能歌善舞的民族

捷克音乐享誉世界，捷克人德沃夏克（1841—1904）19世纪末出任美国纽约音乐学院院长，并创作出了举世闻名的《来自新大陆》，这并非出于偶然，跟捷克的音乐土壤密不可分。

德沃夏克

"捷克人人皆乐手"，这是捷克人喜欢说的一句话。过去的确如此，如今已有所变化，不过大体上还可以这么说。在漫长的遭受异族统治的年代，他们以歌声表达自己渴望自由和独立的心声。城里如举行游行，较大单位均以军乐队为先导，就如同我们以锣鼓队打头一样。乡下俱乐部普遍有小乐队（配备大小提琴、小号、黑管、洋琴等，外加一人独唱），周末经常举办业余歌舞表演和舞会，这也是人们交友的机会。城乡都有为爱好音乐的小朋友创办的人民艺术学校，要求每人至少掌握一种乐器。中小学很重视文体课，学生除带运动服和球鞋外，还得带挺厚的歌本，交谊舞等也非学不可。

笔者曾两次随捷克大学生周游全

看点 捷克的国际音乐节很有影响力。
See the world with a diplomat

136
we all live on the same planet

风笛节 (图/视觉中国)

国，他们一路上歌声不断，晚饭后如有时间和兴致，就一首接一首唱内容健康、曲调优美的捷克民歌。虽无人指挥，却唱得相当整齐、声情并茂，几乎不重样，直到夜阑兴尽才罢。

除首都和布尔诺外，各州一般也都有歌剧团和交响乐团，爱听歌剧的学生可买所费不多的站票，人们在公园的露天剧场也可不时免费欣赏交响乐。

捷克每年举办音乐节和歌剧节，除"布拉格之春"国际音乐节外，还有布尔诺的"摩拉维亚之秋"音乐节、利托米什尔的斯美塔那歌剧节和克鲁姆洛夫音乐节等。至于国际民间音乐节或歌舞节，那就更多了，比如风笛节，以南摩拉维亚斯特拉日尼采民乐节为最有名。届时，男男女女都穿上色彩鲜艳、瑰丽无比的民族服装 (这是心灵手巧、善于刺绣和织花边的妇女的杰作)，表演各种各样欢快热情、充满青春活力的歌舞，使每个目击者都大饱眼福、美不胜收。音乐气氛如此浓厚，人们无时无刻不受到熏陶，捷克音乐人才辈出、灿若群星，就不足为奇了。

喜欢干体力活的捷克人

捷克工人每周工作5天，每天工作约8小时。他们上班的时间很早，养成早睡早起的习惯，离工厂远的必须起得更早，也够辛苦的，尤其在冬天。工厂如没有食堂，得自己带饭，午餐时间为半小时，一般下午2点半以后就下班。冬天下午5点左右天就黑了，夏天晚上八九点天才黑。

那么，人们在业余时间做什么呢？休闲、逛街、购物、听歌剧或音乐会、看戏和电影、参观博物馆和画廊、结交朋友和享受生活，年轻人和单身者的生活相当自在；周末到湖边河畔搭起帐篷休憩，呼吸新鲜空气、晒太阳、游泳或者从事各种室内外体育运动，这是体育爱好者和家有年幼子女者的生活写照；中老年人则喜欢利用下班时间和周末，干些体力活。不少人家有院子，往往种些花草树木或水果蔬菜，每天都有人照料它们。没有院子的人家也有事可做，如装修房子，他们自己设计装饰细节，买来滚筒和涂料，按照自己喜好，刷出古色古香乃至金碧辉煌的墙壁来。而更多的人家则选择周末远离喧嚣的城市，到郊外或深山里开辟一片新天地。他们在被批准过的区域内自己修建别墅，种植瓜果蔬菜。虽然这些别墅从建筑角度看未必精致完美，但还是很坚固的。一般而言，捷克人选择春夏秋三季的周末来别墅小住，其他时间尤其冬季，别墅易成为不速之客频繁光顾之地。

在那里人们不仅享受蔬菜和水果丰收的喜悦，而且由于空气新鲜、阳光充分，也能收获更多的健康。

捷克人的别墅

捷克的国宝——工艺美术玻璃制品

捷克水晶蜚声世界 (图/视觉中国)

　　起初,波希米亚人从意大利人那里学会了玻璃制造术,之后,依赖得天独厚的优质石英砂矿和橡树资源,创造了波希米亚"森林玻璃"。19世纪后,推出了全新的化学配方,捷克的水晶玻璃享誉世界。

　　捷克水晶分为白料水晶和有色(彩色)水晶两种。白料水晶又分为含铅水晶和无铅水晶两种,前者是在石英砂中添加了一定量的氧化铅熔炼而成,后者主要是在石英砂中加入了一定量的碳酸钾。

　　至于彩色水晶,是在1400摄氏度高温的含钾玻璃熔液中,分别加入金、铜、银、镁等金属,而成为红色、玛瑙色、黄色

和蓝色的玻璃,制成花瓶、酒具和盘子等工艺品后显得雍容华贵。尼斯河畔数万人的雅布洛内茨(原意为渡口有棵苹果树)市,是水晶玻璃首饰和雕花玻璃制品的制造中心,几乎每家每户都有人从事这一工作,市内有3所相关的技工学校。

每隔3年在此举办一次国际首饰展览，届时全市笼罩在一片珠光宝气之中，客商云集，成交可观。

除此之外，我们还不能不提到捷克的卡车。北京公交系统曾长年使用捷克的斯柯达牌公共汽车，后来我国又进口不少捷克的塔特拉牌载重卡车，后者性能优越，能在零下50摄氏度到零上50度的温度跨度内，快速、平稳地行驶在高低不平、地形复杂的路面上。

捷克国宝级卡车塔特拉（图/视觉中国）

捷克与中国的深厚情谊

独树一帜的捷克汉学

捷克汉学家普实克

捷克最早的汉学家叫严嘉乐（1678—1735），毕业于布拉格查理大学，是一位耶稣会士、数学家、天文学家和音乐家。他曾在中国传教，为康熙弹奏竖琴，绘制过北京第一幅地图，毕生研究汉语和中国文化，著有《中国来信》。

20世纪捷克又出了一位蜚声世界的汉学家雅·普实克（1906—1980），在查理大学选修的是东罗马帝国时期的希腊历史和文化，大学毕业后先后到瑞典和德国研修汉语与汉学约4年，接着又赴中国和日本研究汉学，把一生献给他所钟情的中华文化，历任捷克东方研究所所长、查理大学教授、捷克科学院院士。

普实克是捷克汉学的奠基人，世界汉学布拉格学派的杰出代表，波德法意

等多国大学和研究机构的名誉教授和研究员，中国人民的忠诚朋友。20世纪30年代在中国的两年多期间，他不断在捷克和欧美报刊上撰文抨击日本对我国的侵略。与此同时，他在华和随后在日期间，广泛结交郭沫若、茅盾、冰心等文学家。他是第一个翻译出版鲁迅作品《呐喊》的人，鲁迅为其译作作序时距自己病逝不到3个月。20世纪50年代初，普实克在捷克东方所建立欧洲闻名的拥有六七万册中文图书的鲁迅图书馆。

普实克编写过汉语会话课本，办过汉语班、主持过查理大学东方学系，卓有成效地培养出众多的汉语和汉学研究人才，其作品有以满腔热情介绍中国及中国文艺创作的《中国，我的姐妹》等，译著有《论语》、《中国古诗选》（与诗人合译）、《孙子兵法》、《聊斋志异》、《子夜》、《艾青诗选》等。他把发现中国文明与文艺复兴时期重新发现古希腊罗马文化相提并论。20世纪60年代，他表现出宁为玉碎、不为瓦全的无畏气概，因不愿参与攻击中国和坚决反对苏军占领捷克而遭到残酷迫害，被逐出东方所。尽管如此，在他和其他遭遇相似的汉学家的共同努力下，《红楼梦》和《西游记》等中国古典名著相继

捷克汉学家普实克，1966年在布拉格

翻译出版。后来苏军撤走,普实克的冤案得以昭雪,捷克汉学又迎来春天。

中捷人民友谊的结晶
——中捷友谊农场

1955年初,朱德副主席率代表团出访捷克斯洛伐克,捷克政府向中国政府赠送了耕种十万亩土地的机械设备。我国用这套机械设备在河北沧州境内筹建了中捷友谊农场,2003年7月,友谊农场与河北临港化工园区合并建立沧州临港经济技术开发区,2007年2月被划入渤海新区,更名为沧州渤海新区中捷产业园区,同时保留友谊农场名称。

农场位于渤海湾西岸,距黄骅港20公里,园区面积268平方公里,总人口4.2万人。内辖15个生产队,11个行政自然村,350个股份制、民营类、个体工商业等经济实体,注册企业65家。农场主要种植冬枣和棉花等经济作物,机械作业水平达95%以上,一半耕地实现喷灌;畜牧业成规模,奶牛存栏数为8000头;水产养殖面积4万亩,年产水产品2410吨,还培育罗非鱼良种和晒盐。2000年,农场在全市率先完成所有国有企业的股份制改造,形成石油化工、建筑材料、食品加工、五金机械等十

多个规模产业。2007年与中海油合作,使年石油加工量达到210万吨。

农场与捷克方面的来往相当频繁,其中包括捷方领导人、使节和经贸代表团的来访,捷克的建筑作品图片、儿童书籍插图、民间扬琴乐队等的来华展出及表演,共建友谊小学,农场少年儿童赴捷参加夏令营等。农场修建了占地近4公顷的友谊广场,由友谊门、水幕墙、中心广场、休闲娱乐和演艺广场、文化墙等6部分组成。

笔者为农场在盐碱滩上创造的辉煌业绩所折服,同时不免回忆起当年的捷中友好农业社。我国领导人朱德、董必武、彭真等还有彭德怀元帅曾参观该社,该社老社长安·赫尔曼也曾访华。后来该社同我国驻捷使馆一直经常来往,邀请使馆人员或留学生参加农业社摘樱桃、打猎等活动,还一起欢度杀猪节和圣诞节。老社长曾以拇指大的小黄瓜(供腌酸黄瓜用)、猪血肠和自家做的猪肉罐头等招待客人,笔者至今记忆犹新。

中捷友谊农场历史图片

雪中布拉格(图/视觉中国)

附录一

捷克旅行信息汇总

什么时候赴捷旅游为宜

捷克共和国是欧洲中部的一个内陆国家，地处北温带。总的说来，气候温和、宜人，冬天气温平均约零下5摄氏度，难得降到零下10摄氏度，夏天气温升到30摄氏度人们就开始叫热了。1月和7月的平均气温，分别为摄氏2度和近20度。因此，除冬天阴沉沉的、难得见到阳光外，春夏秋三季都适于出游，尤以5—9月为佳。

5月的布拉格黄色的迎春花和紫色、白色的丁香花怒放，迎来"布拉格之春"国际音乐节。夏天百花齐放，特别是各种各样的玫瑰花盛开，美不胜收。秋天是结果和收获的季节，落叶遍地，寒意初现，

我国驻捷使馆10月1日举行国庆招待会时，鉴于女宾着装偏薄，已非生暖气不可。

捷克驻华大使馆、捷克旅游局联系方式

我国公民前往捷克旅游，必须持有捷克签证或申根签证。捷克共和国驻华大使馆地址：北京建国门外日坛路2号，邮编100600，电话号码010—8532 9500，捷克旅游局的官网为：www.czechtourism.com。

签证申请

一旦申请资料和申请表格准备就绪，您即可到签证申请中心申请捷克签证。如果超过5人以上同时递交申请，请

小镇民居 (图/张克平)

您致电或者发邮件至签证申请中心提前进行预约。申请人需根据护照签发地以及户口所在地选择相应的签证申请中心进行申请。

北京管辖：中华人民共和国所有省份（上海管辖和成都管辖范围内的省份除外）。

请注意：广州、深圳捷克签证申请中心仅接收户口所在地或护照签发地在广东、广西、福建、海南四省区的、或持有这四省官方出具的居住证明的申请人的签证申请。

如果您还未被申根国家采集过指纹，您需要亲自来到签证中心递交签证申请；如果您已经采集过指纹，您可以委托代理人代替您递交签证申请，代理递交需要提供申请人亲笔签字的英文委托书和代理人的身份证件原件以及复印件。

上海管辖：上海市、江苏省、安徽省、浙江省。

成都管辖：四川省、贵州省、云南省及重庆市。

抵达捷克

捷克地处欧洲中心，交通便捷。捷克航空公司（ČSA）有直飞欧洲各国首都的航班，各国直飞布拉格的航空公司有数十家。东方、海南、汉莎、法国、芬兰、大韩、俄罗斯、意大利、荷兰航空公司有从中国大陆飞往布拉格的飞机，分别在首尔、巴黎、法兰克福、阿姆斯特丹、赫尔辛基转机。汉莎航空公司还有从香港直飞布

卡罗维发利温泉小镇选购温泉杯子（图/张克平）

拉格的航班。

前往布拉格的廉价航空公司网址：Smart Wings——www.smartwings.com, Easy Jet——www.easyjet.com.

布拉格瓦茨拉夫·哈维尔国际机场距市区20公里，提供餐饮、免税店购物、货币兑换等服务。从机场到市中心可乘坐公共汽车转地铁等，公交车站就在航站楼外。坐出租车费用约为560克朗。

布拉格有完善的地铁、有轨电车、公交车网络，车票可通用。从捷克邻国赴布拉格，也可乘坐旅游大巴或直达火车（否则可能需转车），波希米亚欧洲国际快线（Bohemia Euroexpress International）电话420 224 218 680，网址www.bei.cz.

货币及汇率

捷克货币为捷克克朗(Kč),1克朗=100哈莱士(h)。外币和旅行支票可在银行或货币兑换点兑换成当地货币。汇率按照当时的汇率计算,1美元大约可兑换25克朗。酒店兑换价格往往很高,街头换汇商店价格相差较大,货币兑换点晚上和周末也营业。国际信用卡普遍通用。可用随身携带的信用卡或银联卡(借记卡)在当地的ATM自动取款机取款。

海关规定

不得携带毒品、枪支、食品、鲜花、水果等,携带动植物需持有检验证明。50年以上的历史文物,必须持有特殊许可证才能携带出境。对于欧盟之外国家的旅行者,入境和离境的免税限额为最多200支香烟或100支小雪茄或50支雪茄或250克烟草,2升无气泡佐餐红酒、1升烈酒或2升烈度红酒、起泡酒或利口酒,60毫升香水或250毫升淡香水,以及其他价值不超过175欧元的商品(含礼品和纪念品)。

布拉格交通

布拉格的公共交通既便宜又快捷,交通工具包括有轨电车、公共汽车和地铁等。市区有3条地铁线路,可通往各主要旅游景点,运营时间为5:00—24:00,发车时间间隔为4—10分钟,高峰期间发车间隔缩短。公共汽车和有轨电车全天通行,有些彻夜运行。22路电车很适合走马观花一日游的游客乘坐:从和平广场出发,途经查理广场、民族大街、小城区、布拉格城堡,最后开到斯特拉霍夫修道院和佩特林山。有轨电车9路是繁忙的穿城电车路线。切多克等旅行社也组织巴士观光。此外,乘坐伏尔塔瓦河游轮欣赏布拉格美景,也是不错的选择。如有时间到卡罗维发利等地旅游,可乘坐捷克汽车公司(ČSAD)的旅游大巴,并尽量提前10分钟到达出发地点,以免客满司机提前开车,电话420 475 212 066,网址www.csadbus.cz。

布拉格公交查询网站:http://mapy.idos.cz/pid/

布拉格查理大桥桥头塔 (图/张克平)

卡罗维发利温泉小镇街景（图／张克平）

公交车购票方法

除旅游大巴以外，公交车上一般不售票，乘客所用车票可事先在公交公司指定的一些商店、报亭等售票点、公交车站和地铁站买到。乘客进地铁前和上公交车后要在车票打孔机上打孔，如被查出无票乘车，将被罚款。笔者有一回携家属外出，不知何故被地铁的一位女查票员拦住，后来才发现问题出在我们所用的车票不止一张、而打孔机又未能把所有车票都打穿，无奈查票员出于误会，坚持要把我们的车票没收（我们身上车票有的是，出站时也没人再查票）。布拉格的车票不是按次数来计价的，而是按照时间来划分的，分为30分钟票、90分钟票、1日票、3日票。如果在布拉格待一周以上，可以考虑购买一张30天的可换乘公交卡。

何处投宿

捷克1989年"十一月事件"后，西方客商曾大批涌向布拉格，市中心宾馆一时人满为患，客房需提前数月预订。如今情况已大为改善，不过其房费与西欧不相上下，尤其是瓦茨拉夫广场附近的豪华宾馆，每日住宿价格大约为170欧元以上、170欧元至100欧元之间和100欧元以下（通常包括早餐）三种。其实，历史悠久、更有韵味的宾馆多在布拉格城堡区、小城区和老城区。宾馆一般不提供拖鞋、牙刷、牙膏之类，游客最好自备。

值得特别提出的是布拉格饭店，原来是国宾馆，来访的党政首脑都曾在那里下榻，宾馆配备原木家具，还有花园等，如今也对外开放，当然资费不菲。不能不提到的还有尤尼塔斯旅馆，这是20世纪70年代末关押反对派领袖瓦·哈维尔的地方,"十一月事件"后他一步登上总统宝座。这成为该旅馆招徕游客的金字招牌,哈维尔先生当年的囚室被改造为带上下铺的房间,价格合理,可预订(420 224 221 802, www.unitas.cz)。

不少布拉格人开设家庭旅馆,价格低得多,也安全舒适,不妨一试。总而言之,游客既可住总统套间,也可住家庭旅馆,选择余地颇大。如果驾驶汽车或摩托车出游,连人带车还可住进汽车或摩托车旅馆(实为帐篷),价格低廉,别有风味。

布拉格的餐饮业

与住宿情况相仿,布拉格的餐饮就价格而言选择余地还是比较大的,既可一掷千金,也可所费不多。布拉格有大小饭馆上千家,价格分为上中下三等。如果你想品尝烤鹅配紫甘蓝或野鸡野兔鹿肉等野味,需到特定的饭店。如果你想吃捷克的风味菜烤猪肉配酸菜丝和馒头片或其他家常菜,哪个饭馆都能提供。豪华饭店和普通餐厅厨师烹制出来的菜肴,口味差别并不像价格相差的那么大,因为它们都是按照同一菜谱做的,说不定在小饭馆就餐气氛更温馨。

到快餐店就餐也不错,不仅经济实惠,而且省却烦人的等待时间。你会看到许多餐厅和酒馆外面写着polední menu(午餐菜单)或者denní nabídka(今日菜单)。店内一般提供一道或两道菜配一份饮料的套餐,价格一般为100—150克朗,还有一家网站(www.lunchtime.cz)专门

发布类似的优惠餐饮信息。

各个酒馆和啤酒屋的顾客倒是相对比较固定的,因为顾客们习惯于喝某个地区出产的葡萄酒或某个品牌的啤酒。啤酒以12度的皮尔森古泉啤酒和南捷克州首府布杰约维采的百威啤酒最受欢迎,葡萄酒则以南摩拉维亚兹诺伊摩和米库洛夫等地酿造的最为出名,烈性酒种类不多,喝的人也不多。有的咖啡厅兼夜总会备有铜管乐队和歌舞演出。

旅游景点的开放时间

大多数城堡、宫殿、教堂、庄园、博物馆和画廊等周二至周日开放,4月—10月9:00—17:00,11月—3月9:00—16:00。周一闭馆。由于情况千差万别,各个景点的开放时间可能不尽相同,事前最好先打听清楚。

为照顾有的人可能买不起价格不菲的门票,有些景点每月初有一天不收门票。

商店营业时间

周一至周五9:00—18:00(有的商店中午关门),周六通常只营业到13:00。现在,许多商店周六下午也营业。市中心卖旅游用品和纪念品的商店夏天通常营业到晚上。购物中心周日也营业。

手机服务

使用GSM900/1800频段。捷克SIM卡可以在中国移动和联通手机上使用,中国电信用户需要咨询客服是否需要更换

手机。建议出行前确认自己的手机能否开通国际漫游功能。

医院和药店

布拉格医疗中心地址：布拉格一区沃基奇科瓦街28—30号，24小时救援电话420 603 433 833，网址为www.doctor-prague.cz。

在捷克全境可以看到许多药店（lékárna），药店外有一个大的绿色十字标志。大部分药店按照普通营业时间开放，但每个区都有一家深夜药店应付紧急情况。除了处方药外，药店一般均可购买阿斯匹林、止咳糖浆、感冒药等非处方药。

电视

捷克国家电视台和私营电视台，均说捷克语。如果住在大酒店，还可收看CNN和BBC等卫星频道节目。

布拉格的几大商场

在共和国广场有全捷克最大的百货公司"科特瓦"（"锚"之意），此外还有"皇冠"、"白天鹅"、"普里约尔"（"桂冠"之意）、"五月"、"友谊"、礼品商店和免税的外汇商店等，由于商品种类齐全，在这些地方购物可节省时间。当然，在一些纪念品商店也可买到称心如意的物品，只是所费时间可能稍多。

礼品选购

水晶玻璃制品是捷克的国宝，蜚声世界，堪称外国游客的最爱，也是他们购物时的首选。选购时，要注意其光洁度，

捷克自产植物香皂（图/张克平）

以免鱼目混珠。在正宗的产品上，一般贴有蓝色的"捷克水晶"标签。水晶玻璃制品可分为雕花玻璃器皿、首饰和吊灯等几类。前者用机器在坚硬的玻璃上刻出各种各样令人赏心悦目的花纹图案，与我国的玉雕有异曲同工之妙，在灯光之下焕发出迷人的光彩，价格不菲。如果是用模子印制的，那就不值钱了。玻璃首饰流光溢彩，花样繁多，价位一般并不高，玻璃吊灯一亮，满室生辉，不过由于游客可带行李有限，一般只能买中小型的。捷克手工陶器古朴可爱，富于装饰美。此外，可供考虑的还有唱片、皮鞋、围巾、披肩等。给儿童可选购城徽、提线木偶（个体较大）、穿民族服装的娃娃、画册等。至于食品饮料，可选择布拉格火腿、卡罗维发利薄饼、药酒和摩拉维亚葡萄酒等。

退税

捷克是欧盟的成员国，可以退税。如果你一天内在标有免税或退税（GLOBAC BLUE/TAX FREE）的同一商场购物超过2000克朗，便可要求店员开具退税单，出境时在机场退税。机场设立海关办理退税的柜台，先填好退税申请表，提供购物的收据，有些海关还会要求出示购买的物品，提供即将离开的电子机票打印件，或是登机牌。

海关审核好盖章后，去专门的柜台领取现金，或者退税金额转账到自己填表写上的银行卡内。如果你要的不是克朗，而是欧元或美元，需多付1%至2%手续

伏尔塔瓦河上有18座桥，连接两岸（图/视觉中国）

费。有些购物商店可以当场退税。

服务费和小费

布拉格的餐馆和酒店通常把服务费（约占10%）计入账单，如果服务得好，顾客也有再给小费的，一般是不让服务员找零即可。如住店，则在离开时给女服务员留下几个克朗，让她补贴家用。行李搬运费一般是5克朗。

吸烟

捷克共和国已颁布相应法律，限制吸烟。其要点是在各种车站、交通工具内、文化机构等公共场所，禁止吸烟。

公共厕所

收费5～10克朗，通常标有"WC"字样，男厕标明PÁNI（MUŽI），女厕标明DÁMY（ŽENY）。

旅行咨询

● 中国驻捷克大使馆

地址：布拉格6区，布本内奇，佩列街18号（Pelleova 18, 160 00 Praha 6, Bubeneč），电话：+420 233 028 888，官方网站：www.chinaembassy.cz

● 捷克驻中国大使馆

www.czechembassy.org

● 捷克共和国官方网站 www.czech.cz

● 捷克旅游局官网 www.czechtourism.com

● 捷克旅游局中国代表处电邮：info—cn@

街头（图/视觉中国）

czechtourism.com

● 布拉格信息服务中心（Prague Information Service）电话：12444，电邮：www.pis.cz

● 捷克旅游局信息中心 地址：葡萄园街（Vinohradska)6号，电话：+420 234 668 588

● 切多克（ČEDOK）旅行社 安排住宿、布拉格及外地行程。

● 捷航 www.czech-airlines.com

● 布拉格机场网站 www.pragueairport.co.uk

● 捷克列车时刻查询台 www.cd.cz

● 公交车 www.csadbus .cz

● 布拉格住宿 www.travelguide.cz

● 布拉格餐厅在线 www.squaremeal.cz

● 捷克当代音乐 www.musica.cz

● 布拉格城堡 www.hrad.cz

● 民族画廊 www.ngprague.cz

● 民族博物馆 www.nm.cz

看点 《See the world with a diplomat》 捷克语采用拉丁字母。

附录二

学点捷克语随时可用

捷克语采用拉丁字母，重音都在单词的第一音节，č, š, ž, ř, 上面带钩，表示分别发[ch], [sh], [zh], [rzh]音，ď, ť, ě, ň, 上面带钩，表示发近似短的[di], [ti], [ie], [ni]音，ř为抖舌音，ch, j分别发[h]（清音）和[y]音，á, é, í, ó, ú, ý上带撇和ů（带圈）表示长音。

常用句

Dobré jitro!	早上好!
Dobré odpoledne!	下午好!
Dobrý večer!	晚上好!
Dobrou noc!	晚安!
Na shledanou!	再见!
Prosím Vás⋯	请您……
Promiňte	对不起, 抱歉。
Děkuji.	谢谢。
Není zač.	不客气。
Ano.	是的。
Ne.	不, 不是的。
Od kud jste?	您是哪里人?
Jak se jmenujete?	您叫什么名字?
Jmenuji se⋯	我叫……
Jak se máte?	您过得好吗?
Co děláte?	您在做什么?
(Ne)rozumím.	我(不)明白。
(Ne)vím.	我(不)知道。
Jsem rád.	我高兴。
Buďte vítan.	欢迎您。

观光

Kde je hrad?	城堡在哪里?
Palác, kostel	宫殿, 教堂
Muzeum, galerie	博物馆, 画廊
Koncertní síň	音乐厅
Kdy se to otevírá/ zavírá?	什么时候开门/ 关门?
Je otevřeno/ zavřeno.	开放, 关闭
Vchod, východ	入口, 出口
Jak se dostanu k⋯	去……怎么走?
Kde je metro?	地铁在哪里?
Tramvaj, autobus	有轨电车, 公共汽车
Nádraží	火车站, 巴士站
Banka, pošta	银行, 邮局
Policie	警察局
Kdy odjíždí vlak?	火车什么时候 离开?
Jak dlouho cesta trvá?	路途多长时间?

153

Dvoulůžkový?	双人房间?
Mohu se podívat?	我能先看一下吗?
Máte ještě jiné?	还有别的房间吗?
Kolik to stojí na den?	房费一天多少?
Chtěli bychom…	我们要……

饮食

Restaurace, automat	饭店,快餐店
Je to volné?	这个位子空吗?
Jídelní lístek, prosím.	请给菜单。
Chtěl(a) bych…	我想要……
Jídlo, polévka, moučník	菜,汤,甜点
Vepřová pečeně, knedlíky	烤猪肉,馒头片
Kyselé zelí	酸菜丝
Přírodní řízek, biftek	炸猪排,烤牛肉
Guláš, telecí	红烧牛肉,小牛肉
Kuře, husa	鸡肉,鹅肉
Občerstvení	小吃
Pivo, víno	啤酒,葡萄酒
Na zdraví!	祝您健康!
Účet, prosím.	请埋单。
Kouření zakázano!	禁止吸烟!

住宿

Kde je hotel?	哪里有旅馆?
Máte volný pokoj?	你们有空房吗?
Je to jednolůžkový?	那是单人房间?

购物

Obchodní dům	百货商店
Máte broušené sklo?	你们有雕花玻璃吗?
Bižuterie, lustr	首饰,吊灯
Granat, prsten	人造红宝石,戒指
Gramafonové desky	唱片
Obuv, šatek	鞋,头巾
Loutka, panenka	木偶,娃娃
Pražská šunka	布拉格火腿
Beherovka, oplatky	卡罗维发利药酒、薄饼
Kolik to stojí?	这多少钱?
Vezmu si to.	我要这个。

急救

Zdravotnické centrum	卫生站
Pomoc!	救命! 帮个忙!
Zastavte!	快停下来!
Jsem nemocný.	我病了。
Kde je nemocnice?	哪里有医院?
Zavolejte lékaře.	请帮我叫医生。
Ambulance, sanitka	救护车

捷克世界遗产之旅

Day 1　布拉格深度游
（布拉格城堡区和小城区、老城区）

布拉格城堡区的游览要利用早上的时间，趁游客不多的时候从正门进入，站在城堡上眺望整个布拉格，美景尽收眼底。

中午时分可以欣赏护卫队换班的仪式。下午在黄金巷消磨，看当年手艺人生活的地方。小城区位于城堡区的下方，可以去聂鲁达街走走。傍晚时分去查理大桥看日落，欣赏雕塑。晚上在老城广场欣赏夜景。

Day 2　布拉格深度游（新城区和维舍堡）

新城区瓦茨拉夫广场是布拉格最繁华之处。

新城区是古典音乐厅聚集地，民族剧院、国家歌剧院和德沃夏克博物馆，都有一流水准的音乐和舞蹈演出。犹太区有欧洲最古老的新旧会堂。

如果愿意，可以搭地铁去新城区南端的维舍堡，感受那里的历史传奇色彩。

Day 3　布拉格周边一日游

星形夏宫是著名的白山之役的发生地。

查理城堡（又名卡尔施泰因城堡）是捷克最漂亮的城堡，修建在石灰岩悬崖上，无比险要。

Day 4　布拉格—卡罗维发利 —玛利亚温泉

16世纪卡罗维发利成为温泉疗养地，现已发展为世界著名的温泉疗养中心和旅游胜地。四面环山，环境优美，空气清新，疗养设施完备。

玛利亚温泉城与之相隔不远，每年会举办肖邦音乐节。

· 查理大桥

卡罗维发利

· 民族剧院

捷

· 卡罗维发利温泉小镇

克鲁姆洛夫

· 克鲁姆洛夫

林琳绘图

Day 5　捷克克鲁姆洛夫—特尔奇

建议自驾,快速领略捷克这两处世界级非遗的风采:捷克克鲁姆洛夫城堡(现为庄园)就其规模而言仅次于布拉格城堡。

特尔奇镇中心广场据说是捷克乃至中欧最美的广场之一。

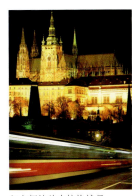

灯火辉煌的布拉格城堡

Day 6　布尔诺—列德尼采–瓦尔季采庄园公园

建议自驾,从捷克第二大城市布尔诺开始,布尔诺有成熟的现代会展业和壮丽的景观,接着下午赶到欧洲最大的人造公园列德尼采—瓦尔季采庄园公园,欣赏各种大小教堂、跑马场、猎场以及各种珍奇植物等。

·瓦茨拉夫广场

圣维特教堂

利托米什尔庄园

利托米尔

奥洛莫乌茨

奥洛莫乌茨玛利亚柱

克

特尔奇　布尔诺
BRNO

·特尔奇广场

Day 7　兹林州克罗姆涅瑞什花园及城堡—奥洛莫乌茨—古老村庄霍拉索维采—布拉格

克罗姆涅瑞什庄园花园有明显的人力意志的因素,整齐美丽。下午赶去摩拉维亚的古城奥洛莫乌茨,欣赏上帝的荣耀玛利亚柱。

返回布拉格途中,可去参观一下19世纪早期和中期村庄的典型代表霍拉索维采,感受一下田园生活的宁静。

·布尔诺

图书在版编目(CIP)数据

春园花开 ：捷克 ／ 黄英尚著. -- 上海 ：上海文化出版社，2018.1
（外交官带你看世界）
ISBN 978-7-5535-0991-4

Ⅰ. ①春… Ⅱ. ①黄… Ⅲ. ①捷克-概况 Ⅳ.①K952.4

中国版本图书馆CIP数据核字(2017)第290294号

责任编辑　汪冬梅
特约审读　王瑞祥
整体设计　周艳梅
图文制作　费红莲
督　　印　张　凯

书　　名　春园花开——捷克
著　　者　黄英尚
出　　版　上海文化出版社
出　　品　上海故事会文化传媒有限公司
　　　　　（200020 上海市绍兴路74号　www.storychina.cn）
发　　行　上海文艺出版社发行中心
　　　　　（上海市绍兴路50号）
印　　刷　上海中华商务联合印刷有限公司
开　　本　889×1194　1/32
印　　张　5.25
版　　次　2018年1月第1版
印　　次　2018年1月第1次印刷
书　　号　ISBN 978-7-5535-0991-4/K·127
定　　价　39.00元

故事会　大众文化出版基地　上海故事会文化传媒有限公司 出品(00705) www.storychina.cn

上海故事会文化传媒有限公司所有图书可办理邮购，免收邮费(挂号除外)
汇款地址: 上海市南绍兴路74号(200020)
收款人: 上海故事会文化传媒有限公司出版发行部
联系电话: 021-64338113
如发现本书有质量问题，请与印刷厂质量科联系　T; 021-58925888